LO^{EL}CO

EL LOCO

JUAN LUIS GONZÁLEZ

EL LOCO

LA VIDA DESCONOCIDA DE JAVIER MILEI Y SU IRRUPCIÓN EN LA POLÍTICA ARGENTINA

Planeta

Obra editada en colaboración con Editorial Planeta – Argentina

© 2023, Juan Luis González

© 2023, Grupo Editorial Planeta S.A.I.C – Buenos Aires, Argentina

Derechos reservados

© 2023, Editorial Planeta Mexicana, S.A. de C.V.
Bajo el sello editorial PLANETA M.R.
Avenida Presidente Masarik núm. 111,
Piso 2, Polanco V Sección, Miguel Hidalgo
C.P. 11560, Ciudad de México
www.planetadelibros.com.mx

Primera edición impresa en Argentina: julio de 2023
ISBN: 978-950-49-8113-8

Primera edición impresa en México: noviembre de 2023
Primera reimpresión en México: diciembre de 2023
ISBN: 978-607-39-0856-6

Impreso en los talleres de Impregráfica Digital, S.A. de C.V.
Av. Coyoacán 100-D, Valle Norte, Benito Juárez
Ciudad de México, C.P. 03103
Impreso en México – *Printed in Mexico*

Índice

Por favor
no huyan de mí.
Yo soy el rey
de un mundo perdido.

"PANIC SHOW" (2000), LA RENGA

Prólogo

Javier Milei dejó de escuchar. Durante cincuenta minutos habló sin parar sobre su proyecto para dolarizar la economía argentina y sobre lo "nefasta" que es "la casta política", pero ahora está callado y mira perdido una pantalla. Esteban Trebucq, el periodista que saltó a la fama por su calvicie y por su pose de duro, intenta encarrilar de nuevo la entrevista. No lo consigue.

"Ahí está Conan, está Conan, ese es Conan", repite el diputado cuando vuelve a abrir la boca. La producción puso, sin previo aviso, una foto vieja de su mastín inglés, y él no puede despegar los ojos del televisor. La nota se traba y el "Pelado" ensaya alguna pregunta para salir del momento, pero no hay caso. Milei no está viendo a su mascota, sino que ve a su "verdadero y más grande amor", a quien considera su propio hijo.

Al perro se lo trajo al regreso de un viaje de trabajo, cuando fue a presentar un paper a Córdoba, a fines del 2004. En ese entonces era apenas un cachorro, pero la imagen que proyectan en la pantalla de A24 debe ser de diez años después. Conan ya está grande, tiene canas por toda la cara, cayos en los codos, y en la foto aparece acostado y con la mandíbula bien abierta, como buscando aire.

"¿Cuántos años tiene?", le pregunta el periodista, que a esta altura se resignó a seguirle el juego a su invitado. El diputado piensa unos segundos, y responde un tanto confundido: "Uf, no saco la cuenta, tiene unos cuantos", dice, y empieza a repetir lo que cuenta cada vez que lo consultan por el animal: qué es lo más importante de su vida, que cuando estuvo en "su peor momento"

11

el can fue el único que lo acompañó, que llegó a resignar su propia alimentación para cuidar la de Conan y que por eso terminó comiendo mal y llegó a pesar 120 kilos que con él y solo con él pasó una decena de navidades y años nuevos, que un día su departamento se prendió fuego y que no lo abandonó hasta asegurarse de que su "hijito de cuatro patas" lo seguía y que por eso casi se muere. Y que por Conan está dispuesto a morir.

Pero hay muchas cosas del perro, y sobre todo de él, que no dice en esa entrevista de principios de año. Son sus secretos más guardados. Y no es solo la verdadera edad de la mascota.

Milei no dice, por ejemplo, que Conan está muerto. Qué murió un domingo de octubre del 2017 en sus brazos, en el departamento que tenía en el Abasto, luego de pelearla durante un tiempo contra un cáncer en la columna. Tampoco cuenta que ese proceso lo atravesó con un parapsicólogo y una telépata que leían la mente del can y lo "comunicaban" con su dueño. Esa es, apenas, la punta del iceberg.

Luego de la muerte del perro/hijo, su amigo más fiel, el hombre cambió por completo. Fue un golpe que ni siquiera pudieron amortiguar los clones del animal que mandó a hacer a Estados Unidos — U\$S50 mil más impuestos—, y que ahora presenta como sus "nietos". Karina, su hermana, indispensable para él como Conan, intentó ayudarlo. Estudió para convertirse en medium, y empezó a ser ella misma quien comunicaba al recién fallecido can con su dueño, una actividad que al día de hoy es central en la vida de la menor de los Milei, que dice poder hablar con animales vivos y muertos y que en base a eso toma decisiones importantes.

Pero eso no fue suficiente. A los que querían escucharlo, Milei les comenzó a contar historias cada vez más llamativas: que Conan en verdad no había muerto —"fue su desaparición física"—, sino que había ido a sentarse al lado del "número uno" para protegerlo, y que gracias a eso había comenzado a tener charlas con el mismísimo Dios. "Yo vi tres veces la resurrección de Cristo, pero no lo puedo contar. Dirían que estoy loco", le dijo a un amigo de aquellos años, en un chat que esta persona todavía guarda.

Hasta que un día sucedió lo inesperado. Algo que cambiaría para siempre la vida de Milei, pero también la de Argentina. Es que en una de sus conversaciones con "el número uno", este le reveló el motivo por el que tenían tanto contacto. Dios, como había hecho antes con Moisés, le dijo que tenía para él una "misión". Tenía que meterse en política. Y le dijo algo más: que no tenía que parar hasta llegar a ser presidente.

* * *

Este libro nació de una crisis. Parte de una idea que no fue, que no pudo ser. Es que el libro había comenzado queriendo ser otro: una radiografía de la nueva derecha, una búsqueda por entender quiénes son, qué piensan, cómo se mueven, cómo se instruyen, cómo se organizan, qué conexiones internacionales tienen, y qué quieren hacer los referentes de esta gran familia argentina, que hoy tiene como líder a Javier Milei. El plan era armar algo parecido a lo que fue *Mundo PRO* —el trabajo de Alejandro Belloti, Sergio Morresi y Gabriel Vommaro, en el que desmenuzaban la arquitectura y la composición de ese partido— o *Los Herederos de Alfonsín* —de José Antonio Díaz y Alfredo Leuco, en donde en 1987 emprendieron una búsqueda similar pero con los miembros de la juventud radical— pero de este novedoso espacio, que había irrumpido en la política en 2021 y terminó obteniendo un sorprendente 17% de votos en la Capital Federal.

Pero ese libro se quedó en el camino. Con el correr de los meses, de las entrevistas, de los encuentros off the record, de seguir facturas, sellos y papeleríos, el trabajo pasó de ser uno de campo con ribetes casi académicos a un thriller tragicómico, a medio camino entre los policiales negros de Raymond Chandler y *La conjura de los necios* de John Kennedy Toole. Es que los secretos místicos de Milei fueron la primera pero no la única revelación que obligaron a cambiar los planes.

La investigación se topó con la trama prohibida de un movimiento que vende sus cargos, que entabló relaciones con barrabravas involucrados en casos de asesinatos, que plagó sus filas con miembros de larga data dentro del Estado y con condenas por corrupción, que tiene en su interior una guerra entre masones y el Opus Dei, que se dejó financiar por gobiernos provinciales, que recibió ayudas técnicas, logísticas y monetarias del peronismo que dice combatir, que amenazó a todos los que quisieron abrir la boca, como le pasó a una de sus propias legisladoras que tuvo que vivir medio año con custodia policial, y que, montados sobre la ilusión de una "nueva política" que esperanzó a jóvenes que habían perdido las esperanzas, oculta la manera más vieja de hacer plata y negocios de Argentina. Y que, además, comenzó cuando a una de las personas más adineradas del país se le ocurrió crear y financiar, para cuidar sus propios intereses, a un fenómeno mediático que luego se llamó Milei.

Y el libro sin quererlo se transformó en una pregunta. ¿Qué pasa si en una Argentina corroída por más de una década de crisis económica y política, golpeada por una pandemia que dejó 130 mil muertos, agotada por años de inflación y de inseguridad, enojada por vivir siempre con la soga al cuello, alguien empieza a decir que la culpa de todo es de quienes la manejan y la manejaron? ¿Qué pasa si ese discurso incendiario, que está quemando también otras latitudes, prende?

¿Qué pasa si en un país inestable aparece un líder inestable?

La respuesta los sorprenderá.

"El caballo blanco nunca corre dos veces blanco.
Los outsiders son caballos blancos: o ganan la primera
o la segunda ya corren sucios"

JAIME DURÁN BARBA

1

El lado oscuro del Luna

Gastón es de Santa Fe y trabaja en una pinturería por el centro de la ciudad. Su padre tiene un taller mecánico y su mamá es cajera en una farmacia. Como la mayoría de los jóvenes de veintipico, apenas tiene algunas cosas claras en su vida. Una de ellas es que se piensa y se siente libertario.

Nació a mediados del 2001, cuando el país estaba por prenderse fuego. Desde que tiene memoria, para él el Estado y los que lo manejan no son una fuente de soluciones sino más bien lo contrario. En el 2015 su papá tuvo que cerrar el taller porque le faltaba una habilitación que pedía la municipalidad y, en el año y medio que tardó en volver a abrir, la familia la pasó mal. Los índices de inflación, de los únicos que tiene memoria, arrancaron siempre con dos dígitos y con un dos adelante.

Por eso es que en el 2020, cuando la cuarentena obligó a su papá a cerrar el taller y a la familia a depender del sueldo de la mamá, Gastón empezó a prestarle más atención a las "ideas de la libertad" y a seguir los videos de influencers como Emmanuel Dannan, "Es de Peroncho" y "Tipito Enojado". Mediante las redes sociales entró en contacto con algunas personas que pensaban parecido, y antes de fin de año ya se había afiliado al Partido Libertario. Gastón estaba contento: por primera vez creía en un proyecto político, por primera vez compartía asados, encuentros y volanteadas con jóvenes de su edad que pensaban parecido y querían las mismas cosas.

Esa adrenalina de colaborar en un proyecto colectivo iba a llegar a un pico en el 2021. El "peele" estaba en franca expansión, y para fin de ese año iba a tener juntas promotoras, el paso previo a constituir un partido reconocido por la ley, en 18 provincias. Pero, sobre todo, habían encontrado un referente, un candidato que decía lo que ellos decían, que pensaba lo que ellos pensaban y que prometía traer votos. Era Javier Milei, al que habían afiliado al espacio a principios de 2019. Y ahora llegaba el turno del debut político del león en las elecciones legislativas.

Por eso es que Gastón no dudó en ir al lugar de los hechos. Durante el primer semestre del 2021 ahorró plata, la poca que le sobraba del sueldo, como para poder cubrir el viaje y la comida durante dos fechas: el 12 de septiembre y el 14 de noviembre. La primera jornada, la de las PASO, fue una fiesta. "El día más feliz de mi vida", dice Gastón. Llegó temprano a Retiro, y por orden del partido estuvo fiscalizando en una escuela de la Villa 31.

En los días previos al viaje Gastón no habló de otra cosa. La información que llegaba de Capital Federal era siempre la misma: Milei iba a sacar alrededor de siete puntos. Ocho era un excelente resultado, y arriba de los dos dígitos directamente un milagro, de esos que no suelen suceder en estas latitudes.

Esa sensación era la que compartían todos en la campaña. Por eso fue que, cuando terminaron de contar los votos de la escuela, Gastón sintió que estaba siendo protagonista de un suceso extraordinario, de esos que dentro de una centuria hablarían los historiadores. Milei consiguió poco más del 13%. No lo podía poner en palabras, atragantado de felicidad, pero el joven se convenció de que estaba en el lugar justo y en el momento indicado. Algo de razón tenía: tanto en las PASO como en las generales la Villa 31 fue el barrio en el que más votos sacó el novedoso espacio, la comprobación empírica de que el peronismo había perdido la hegemonía electoral en la clase trabajadora y de que, a contramano de las predicciones del círculo rojo, el fenómeno Milei era algo para tomar en serio.

Pero lo que sucedió el día de las votaciones generales no estaba en los planes de nadie. Gastón, como si fuera Carlos Bilardo repitiendo las cábalas, hizo exactamente lo mismo que en las PASO: juntó plata, viajó a Retiro, fue a la Villa 31, fiscalizó, se sorprendió con el 17,06% de los votos, festejó, se emocionó, cantó, saltó. Pero cuando llegó al Luna Park, el estadio que La Libertad Avanza usó de búnker, toda su alegría voló por los aires. Unos patovicas que estaban en la puerta le prohibieron entrar con la bandera del Partido Libertario colgada en la espalda. Gastón intentó convencerlos: "Había venido de Santa Fe con mi propia plata, fiscalicé todo el día, dejé todo, no podía entender por qué no me dejaban pasar". Intentó charlar, intento empujar, pero no hubo caso. O dejaba la bandera y cualquier signo partidario o se iba a su casa. Lleno de bronca y con un nudo en la garganta, se fue. Y cuando volvió a Santa Fe lo primero que hizo fue desafiliarse.

Esa noche algo comenzó a romperse, a pudrirse desde adentro. Gastón, claro, no lo sabía. Tampoco lo sabían los otros militantes del Partido Libertario —muchos habían ido de Córdoba y de Entre Ríos, además de los de Capital y Provincia— a los que patotearon y no dejaron pasar al Luna Park en aquel momento. De hecho, lo más probable es que ni siquiera Javier Milei lo supiera. Pero esa jornada, la misma en la que el liberalismo festejó la mejor elección que hizo en la historia de la democracia argentina, el espacio comenzó a implosionar. Comenzó a convertirse en exactamente lo contrario a lo que decía ser, a lo que había nacido para ser.

Cuando pasara la humareda, mucho después de aquel acto, de un lado iban a quedar cientos de militantes como Gastón, los convencidos que pusieron sangre, sudor, lágrimas y plata de su propio bolsillo. Del otro iban a estar a los que el propio Milei describe como mercachifles y runflas de la política que viven desde hace generaciones del Estado. Pero lo que nadie podía imaginar en aquella noche triunfal del liberalismo, en la que el economista manifestó por primera vez sus deseos de aspirar a la Presidencia, que el líder iba a quedar de este bando.

* * *

El pus oculto debajo del acto de Milei en el Luna Park fue invisible a la vista, como pasó y pasa con muchas cosas que suceden en el planeta libertario. Gastón, el militante santafesino, no lo hubiera podido ver ni aunque lo hubieran dejado pasar con su bandera.

Sin embargo, si el joven hubiera decidido dejar sus principios en la puerta podría haber sido testigo de un suceso igual de extraño. Fue Jorge Cusanelli, un puntero del peronismo bonaerense que poco tiene que ver con las ideas del liberalismo, el que decidió que ningún distintivo del Partido Libertario entrara al lugar.

"Cachi", como lo llamaban en los años en que fue una de las figuras del motociclismo nacional, se había ganado de dos maneras su lugar en el armado. Una fue por la sociedad política que tiene con Bernardo Rivera, el dueño de "Todos por Buenos Aires", un sello de goma de la Provincia que Milei evaluó como plan de emergencia por si su candidatura en Capital tenía algún problema legal y que terminó compitiendo con el aval discreto del libertario. Fue una lista que no superó las PASO pero que llevó de candidata a la asesora y mano derecha del economista, Lilia Lemoine, y que recibió, como todos los otros partidos del distrito, $16 millones de parte del Estado.

La otra manera fue a fuerza de plata. Durante las elecciones del 2021 "Cachi" pagó de su propio bolsillo la logística y el traslado a los actos, contrató autos, combis e incluso el convoy que Milei usó para su ciclo de "clases abiertas de economía" en el Parque Centenario. El motociclista también repartía sobres de dinero a los popes de la campaña, y en especial a los más cercanos al líder del espacio. "Tomá Lilia, para los viáticos", le dijo a Lemoine, la secretaria personal del libertario, un día de agosto, mientras le dejaba $50 mil pesos arriba de la mesa. Y ella no fue la única.

El puntero, además, financió a la seguridad. Los patovicas que no dejaron pasar a Gastón respondían a sus órdenes, que eran muy claras: solo entraban las decenas de banderas que "Cachi" había mandado a hacer, unas con un gigantesco león amarillo sobre un fondo negro que llevaba la leyenda de "Milei".

Pero Cusanelli fue mucho más que todo esto. "Cachi" fue el paciente cero, el primer caso de la enfermedad que infestó a La Libertad Avanza, la primera persona que nada tenía que ver con las ideas del liberalismo que se ganó un importante lugar dentro del espacio poniendo billetes, sellos, contactos y recursos. Fue el primer caso de ese virus que se devoró a todos los que quisieron hacer las cosas de otra manera, de la manera en que Milei decía en público que había de hacerse. Cusanelli fue el primero. Pero, como se comprobó con el tiempo, estaba muy lejos de ser el último.

* * *

Del evento en el Luna Park pasó más de un año. Ahora es el verano de 2023, falta cada vez menos para las elecciones presidenciales, y la Ciudad se derrite por el calor. En una estación de servicio, alejada de la vista, espera una de las personas que vio muy de cerca la cara oculta de La Libertad Avanza y que por ese pecado fue expulsado del armado.

La fuente se revuelve en la silla más apartada de la entrada. Tiene enfrente una lata de bebida energizante vacía, un anotador, y unos ojos inquietos que siguen a cada persona que pasa la puerta. No hace falta ser detective para notar los nervios que trae. ¿Qué tiene para decir que lo hace estar tan asustado? A poco de empezar a hablar un hombre de unos cuarenta años entra al bar, y la fuente se agita. "¿Este está con vos? Es del Partido Demócrata", dice, sin mirar al sospechoso para no llamar la atención, pero señalando con el índice las siglas "PD" que lleva en la remera. Ese espacio había sido uno de los primeros aliados de Milei, aunque ahora estaban en una situación de tensión. Ante la duda, la fuente pide levantarse y continuar la charla en la calle. Al salir vemos de cerca al presunto espía: la leyenda era de la banda de rock británica Deep Purple, que tiene la P más grande que la D y de ahí la confusión. La fuente levanta los hombros y pide disculpas. Vienen siendo meses difíciles, dice.

Caminamos unas diez cuadras y luego hacemos el camino inverso. Para esta altura el calor es directamente insoportable, pero lo que cuenta es una novela atrapante. Un policial que incluye coimas, negociados, aprietes, peleas físicas entre efectivos de la fuerza de seguridad más selecta del país y punteros del peronismo, y, sobre todo, un estado de corrupción generalizado dentro del espacio de Javier Milei.

—Ah, y también hay un barrabrava muy metido— dice, frenando en seco en el medio de la calle y con la mirada seria—. El que era el mejor amigo de Schenkler.

Hago memoria. Alan y William Schenkler eran los hermanos que dirigían una facción de Los Borrachos del Tablón, la barra de River Plate. En agosto del 2007, después de un largo enfrentamiento con otro sector de los violentos que venía dejando heridos por doquier —con una batalla cinematográfica que se conoció luego por los medios como "la pelea de los quinchos"—, instigaron el asesinato de Gonzalo Acro. Hasta hoy, ese episodio sigue siendo considerado el crimen más sangriento de la historia del fútbol argentino.

—Tenés que entender el acto en el Luna Park—, dice la fuente, jugando al misterio pero con un miedo genuino de revelar todo lo que sabe—. Si entendés el Luna Park, entendés todo.

2

El lado oscuro del Luna II: de barrabravas y asesinos

9 de mayo del 2001. Para que nazca Gastón, el militante que echa-ron en la puerta del búnker libertario, faltan dos meses. Para que el país vuele por los aires faltan ocho. Para que Sebastián Ricardo Lombardi reciba —por lo menos— medio millón de pesos de par-te del espacio de Milei faltan veinte años.

Para todo eso falta.

En este día del arranque del milenio, Lombardi es un joven de 21 años que está estudiando para ser abogado. A pesar de ser hin-cha de Boca, tiene varios amigos íntimos de River a los que conoció en el colegio primario. "Willy", como lo llama, es a quien más quiere. A él lo sigue a todos lados: lo acompañó a la cancha de Nuñez en más de una ocasión —donde fueron con el hermano mayor de su compinche, que se mueve como pez en el agua en ese estadio—, y ahora, que se quedaron sin porro para fumar, lo siguió hasta su auto para ir a comprar más. Es la noche del miércoles 9 de mayo y el coche que maneja William Schenkler encara para la villa Borges, una barriada peligrosa en los confines de Vicente López.

Dos días después, el viernes 11, un Schenkler vuelve a ir hasta Borges. Pero esta vez es Alan, que no va en el VW Polo bordó de su hermano William, sino en un "auto oscuro", como apuntarían luego varios testigos.

Alan Schenkler lleva una pistola 9 mm, un revólver calibre 22 con un silenciador, y una furia de mil demonios: el miércoles asaltaron a "Willy" cuando estaba comprando marihuana en la villa junto a Lombardi. Le pegaron un tiro en el estómago y su vida, luego de ser operado en el sanatorio Santísima Trinidad de San Isidro, pende de un hilo. Para aquel momento, el mayor de los Schenkler ya es uno de los pesados de la barra de River, y tiene bien entendidos los códigos de la mafia. Vive y muere —y, llegado el caso, mata— según la ley del Talión.

Alan, que viaja en el asiento de acompañante, va hasta el mismo lugar de la emboscada. Es la calle Borges, entre Lugones y Valle Grande. Después de esperar un rato con el auto apagado, quien maneja levanta un dedo y apunta a Mario Francisco Sianzi, un dealer del lugar con antecedentes penales. "El Gordo Popo", como lo conocen en el barrio —por su contextura física, pesa ciento cincuenta kilos— había sido quien, dos días atrás, le robó y le disparó a "Willy". Vueltas de la vida: además de unos pocos pesos, Sianzi se llevó del auto del menor de los Schenkler un bolso que no le sirvió para mucho, ya que estaba repleto de ropa de River, y que terminó tirando en un baldío. El dealer fue, todos los 23 años que vivió, un fanático hincha xeneize. "Tatuaje de un escudo de Boca Juniors con la inscripción de la palabra 'Mario', en región deltoidea del brazo derecho", confirmará luego la autopsia.

—Eran las once de la noche—, dirá Elizabeth Sianzi, la prima de Mario, en el juicio—. Estábamos los dos sentados en la esquina, haciendo patys en una parrillita. Y llega un auto gris. Ahí venía el pibe este 'Slaker', porque después lo vi en la tele y lo reconocí, cuando saltó que estaba en un juicio. Él estaba de acompañante, y era él porque yo no me voy a olvidar de él y creo que él tampoco se va a olvidar de mí. Llega y nos pide droga. Mi primo le dijo que no tenía nada porque no lo conocía, al que no se lo conocía no se le vendía, y le decía que se vaya porque andaba la policía. Pero no se iba, y decía que no. En un momento sacó el arma, un arma negra con un silenciador, y me la puso a mí en la cabeza. Ahí mi primo le gritó 'qué hacés hijo de puta', y le agarró la mano y se la llevó contra él. Ahí le dio un tiro en el pecho, que no se sintió porque tenía silenciador, y yo me paré, y mi primo me decía 'corré, corré' y él de adentro del auto le seguía tirando tiros, le seguía tirando, y decía 'gordo hijo de puta, gordo hijo de puta', y le tiraba y le tiraba y yo gritaba. Cuando mi primo no daba más, porque me parece que se quedó sin balas, se dio vuelta el que manejaba y dice 'agarrala a esa, agarrala a esa' y yo me voy corriendo. Cuando empecé a correr, el que manejaba me empezó a tirar tiros pero ese ya no tenía silenciador, ese me tiraba, y cuando yo entré al pasillo corriendo me tiró dos tiros más y siguió de largo. Y se fueron.

"Slaker", el que mató a Mario Sianzi, era Alan Schenkler. Elizabeth lo reconoció —"no me voy a olvidar de él"— diez años después de que su primo diera su último respiro. "El juicio" que "saltó" era el de Gonzalo Acro: a mitad del 2011 la causa por el asesinato del hincha de River llegó a los tribunales, con una amplia cobertura de todos los medios del país que se pasaron horas hablando del crimen y de sus instigadores, los capos de una facción de Los Borrachos del Tablón. En uno de esos días, de pura casualidad, Sianzi vio en la televisión al asesino de su primo.

—Fue una masacre—, fueron las últimas palabras de Elizabeth Sianzi en el juicio del 2011.

Pero, ¿quién era el que manejaba? ¿Quién era el que le disparó varias veces desde el auto a Elizabeth Sianzi? La lógica indica que, a tan solo cuarenta y ocho horas del disparo a William —en una era previa a las redes sociales y a los celulares con 4g—, habría nada más que una persona que podía identificar al hombre que Alan estaba buscando para matar.

El único que estaba con el menor de los Schenkler cuando sucedió el robo: Sebastián Lombardi. Hacia él apuntaron varios testigos. "Para mí, este auto estaba manejado por la misma persona que había venido el miércoles, que después vino a marcarlo porque cómo iba a saber quién era mi primo", sostuvo Sianzi. El padre de Acro, Alberto, que también declaró en esta causa, fue en la misma dirección. "La persona que lo acompañaba era alguien al que le decían 'Lomba', creo que de apellido era Lombardi. Tengo la marca del auto, un Alfa Romeo gris", dijo, y estaba en lo cierto en al menos una parte: Lombardi tenía un Alfa Romeo gris, color que coincide con el que tenía el auto que la prima del dealer dijo ver en la noche del crimen. El que también dio un testimonio similar en el juicio fue Adrián Rosseau, el líder de otra facción de la barra. "La venganza la planeaba con el mejor amigo de William", al que conocía "con el nombre de Lomba", que "andaba siempre en un Alfa Romeo".

De todo esto pasó una vida. Schenkler cumple una condena de 12 años por el "homicidio agravado por la utilización de armas de fuego" de Sianzi y perpetua por el "homicidio con dolo eventual agravado por la utilización de armas de fuego" de Acro. Por el caso del hincha de River a William le dieron la misma pena. Todas las causas ya fueron ratificadas por la Cámara de Casación y por la Corte Suprema. Ahora los Schenkler pasan sus días en la cárcel de Marcos Paz, desde donde Alan, devenido influencer de las redes —donde comparte mayormente contenido de River Plate—, insiste con su inocencia.

* * *

Pero Lombardi está muy lejos de esa realidad. "Vos vas a ser abogado y tenés que tener más criterio que yo", le dijo William a su amigo Sebastián, en una charla desde el penal que quedó registrada en el juicio por Acro. Y "Lomba", parece, lo escuchó. Por tener más criterio, contactos, falta de pruebas o tal vez suerte, zafó de la cárcel en al menos dos ocasiones. La primera fue en el caso Sianzi, donde escuchó la sentencia a Alan sentado a su lado, en el banquillo de los acusados. Los jueces dictaminaron que, a pesar de lo que indicaban los testigos y la lógica misma, no había pruebas suficientes para condenarlo y lo dejaron libre. También tuvo esa fortuna cuando fue parte de la investigación judicial durante el caso Acro, donde se llegó a tener la firme sospecha de que había estado planeando una fuga para los hermanos Schenkler.

Lombardi tuvo suerte. Mucha. Desde el 2011, año en que los hermanos fueron condenados a perpetua, la vida del "Lomba" mejoró notoriamente. En mayo del 2012 se convirtió en presidente de Truck SA, una empresa de Ituzaingó que comercializa al por mayor y al por menor la reparación de todo tipo de vehículos. En junio de ese año llegó a ser accionista de Estudio Niceto SR, un lugar en el corazón de Palermo donde se graban y grabaron programas del canal América, como *Animales sueltos*, el show de Alejandro Fantino donde Javier Milei se hizo famoso. En el 2014 Lombardi probó que había hecho buenas migas con algunos en ese canal, y se convirtió en accionista de Biopass SA y en vicepresidente de Prosaco SA. Son dos constructoras de edificios residenciales cuyo presidente es Agustín Vila, el hijo de Daniel, uno de los dueños de América.

La lista es larga y sigue: en el 2016 fundó Jusoli SRL, una productora de "actividades artísticas, recreativas y de entretenimiento", en el 2019 se convirtió en el accionista principal de Empresa integral de Limpieza SA y en socio de Servicios y Asistencias SRL, en el 2021 en socio de Smart Label SA, una empresa de consultoría informática, y en 2022 hizo lo mismo con Virtual PRO SA, especializada en telecomunicaciones.

Lombardi, diría su amigo barrabrava y asesino William Schenkler, tuvo criterio, tanto que terminó metido en el medio de una decena de empresas de las actividades más diversas. De haber estado involucrado en resonantes causas policiales junto a criminales temibles a figurar en los directorios de sociedades tan disímiles como constructoras, artísticas, tecnológicas, de limpieza o de eventos. Sin escalas.

Pero la que más interesa a esta historia es JLYS SRL. Esa fue una empresa que "Lomba" fundó el 11 de enero del 2016 junto con Yanina Smurra, y a la que luego se sumó como gerente Patricio Parachu, hasta entonces el fotógrafo de los eventos que organizaba. Hasta el 19 de octubre del 2017, esta compañía se dedicaba al "transporte terrestre de pasajeros mediante autobuses, automóviles y cualquier otra clase de vehículos", lo que en criollo podría llamarse una remisería. Sin embargo, aquel día el emprendimiento de Lombardi daría un giro radical, y empezaría a "producir, comercializar, organizar y representar espectáculos de todo tipo".

Una transformación total, a la que además se le agrega un dato bastante llamativo: al día de hoy JLYS SRL no tiene ni tuvo empleados. Debe ser una titánica tarea para el abogado organizar eventos entre él y sus dos socios, aunque "Lomba" parece estar acostumbrado. Sus firmas Smart Label SA, Virtual PRO SA, y Jusoli SRL tampoco registran un solo empleado.

Pero la que se cruza con Milei es JLYS SRL. Esa es la empresa que el libertario —o alguien de su espacio— contrató para que a su vez alquilara el Luna Park para el acto del 14 de noviembre del 2021. "01-11-2021, CUIT 30715280414, JLYS SRL, ALQUILER SALA, $453.750,00", dice la rendición de campaña que presentó La Libertad Avanza, un informe de cuentas que entregó demorado —fue el último partido de la Capital en hacerlo, lo mismo que había sucedido con esta fuerza en las PASO—.

El mundo de interrogantes que se abre es infinito. La primera duda es casi naif. ¿Por qué necesita el espacio de Milei que una productora contrate el Luna Park? ¿No lo pueden hacer ellos mismos, como habían hecho en las PASO, que se encargaron por su propia cuenta de conseguir el subsuelo del Gran View, un hotel cerca del Congreso? De cualquier manera, las grandes preguntas van por otro lado. ¿Cuál es la relación de La Libertad Avanza, el partido que juzga de inmorales al resto de los políticos, con el hombre que se movía como uno más en el submundo de la barrabrava de River? Y, teniendo en cuenta que el alquiler del Luna Park cuesta más de ocho millones de pesos —cifra dieciséis veces superior a la que se declaró—, está también la gran duda de todas: ¿Cuál fue el valor real de esta transacción? ¿Quién puso la plata? ¿Quién se la quedó?

Si esto es mentira, ¿qué más es mentira?

* * *

El Luna Park podría ser la mirilla desde la cual observar el verdadero rostro de La Libertad Avanza y, como decía la fuente en la estación de servicio, finalmente entenderlo. Por qué no solo la historia sobre el alquiler del estadio y la promiscua relación con "Lomba" no cierra. Hay más.

Por un lado, contrataron a empresas que pertenecían a importantes dirigentes de su propio espacio. Es decir que usaron la plata del Estado para pagarse entre ellos, la definición exacta de lo que es "la casta" para Milei. Pero, además, para ese evento contrataron a otra compañía totalmente irregular. Era Macro Insumos y Soluciones S.A., a la que le pagaron —por lo menos— $1.030.015 por "servicios empresariales no clasificados en otra parte". Es toda una rareza. Es que esa sociedad tiene como fin la "comercialización, importación y exportación de insumos médicos y accesorios para el diagnóstico y tratamiento", por lo que no se justifica que en la factura de La Libertad Avanza el gasto haya aparecido como "servicios empresariales no clasificados en otra parte". La medicina y cualquiera de sus derivados están clasificadas dentro del marco regulatorio de la AFIP, ¿por qué eligieron esa categoría que es, justamente, para rubros que no están inscriptos? Quizá sea porque esa noche, como figura entre los gastos del espacio, ya habían contratado al Grupo Semec S.R.L para los "servicios de coordinación general de ambulancias y médicos", tarea para la cual abonaron $484.000. De cualquier manera, este es el menor de los interrogantes.

Es que esa empresa, que nació en octubre del 2020 de la mano de Andreina Revenga y María Gabriela Terán, dos venezolanas sin ningún título o formación (la primera es cocinera), no solo no registra empleados sino que ni siquiera tiene una web activa desde la cual ofrecer sus servicios. Curiosa manera de venderse. Apenas tiene una página de Facebook, que tiene una sola publicación de fines de diciembre de ese año, y ni siquiera tiene un seguidor. Es decir, ni las propias creadoras de la marca se molestaron en darle like a su emprendimiento. Y si esto también es mentira, ¿qué de todo en el mundo Milei es verdad?

3

Abran paso: llegó Javier Milei

Para el arranque del 2023, momento en que sucedió la reunión en la estación de servicio, la figura del libertario estaba en pleno apogeo. No había una sola encuesta que no lo situara entre el 15 y el 20% de intención de voto, mientras que la gran mayoría lo mostraba como el dirigente con mejor imagen del país.

Parecía que no había nada que pudiera parar su crecimiento: ni el trasfondo del Luna Park, ni la verdad sobre Conan y el desequilibrio emocional de su dueño, y ni siquiera las declaraciones que había hecho en los meses previos en las que se mostraba a favor de cosas tan insólitas como la venta de órganos o de niños. Milei era una topadora.

Su espacio estaba por cumplir dos años de vida. La Libertad Avanza había nacido como un proyecto novedoso y afuera de la lógica de la grieta que nucleaba a liberales, libertarios, conservadores, pañuelos celestes, nacionalistas duros, e influencers, una alianza variopinta que había sabido interpretar muy bien el clima de época. En un país de binomios, el lento declinar de la fuerza rupturista que había traído el auge del feminismo en el 2018 había dejado paso a todos los que no se habían sentido parte de esa convocatoria. En 2021, acompañando un fenómeno que sucedía en el mundo entero, llegaba a Argentina el despertar de una reacción contraria al avance progresista.

A la cabeza de eso quedó Milei. Él era una figura extravagante y con pasado de economista mediático, con ideas que sonaban a nuevas que, combinadas con la dosis justa de insultos y gritos y el particular toque de su pelo largo, lo habían transformado en un personaje prácticamente irresistible. Su nombre en la televisión daba rating y en las redes daba clicks, una combinación ideal para la era del recorte de videos en WhatsApp, Twitter, e Instagram (es el político argentino con más seguidores, por arriba de Cristina Kirchner y Mauricio Macri). Si Brasil tuvo a Bolsonaro y Estados Unidos a Trump, muchos vieron o quisieron ver a Milei como la encarnación argentina de estos.

La combinación de Milei y La Libertad Avanza, sumadas a los índices de inflación y a la debacle del Frente de Todos que sucedía luego de la debacle del macrismo, produjeron algo totalmente fuera de registro. Un espacio de seis meses de edad, cuyo líder no había participado ni siquiera en una elección universitaria, con un amplio porcentaje de militantes sin ninguna experiencia política, sacó 17% de los votos en las legislativas del 2021. Y sucedió en el corazón del país, en el lugar de donde salieron los últimos dos presidentes. La Libertad Avanza consiguió dos bancas en la Cámara de Diputados de la Nación, cinco en la Legislatura porteña, una en la legislatura de La Rioja, más otra que conseguirían al año siguiente en Tierra del Fuego.

Pero también lograron algo más intangible pero más importante. Pusieron en jaque el equilibrio de fuerzas entre el kirchnerismo y el macrismo, la postal inalterable de la política argentina desde 2007 hasta hoy. Milei se convirtió en el fantasma que amenazaba el rentable juego de la grieta y, con la sutileza de una trompada en la mandíbula, corrió el eje de cualquier discusión. La privatización de todas las empresas públicas, la dolarización de la economía argentina, la guerra declarada contra el progresismo, el feminismo y la "ideología de género", la destrucción del Banco Central, la eliminación total de la obra pública, la libre portación de armas, la abolición del salario mínimo, la negación de los treinta mil desaparecidos y la defensa a ultranza de la libertad de mercado y de la "libertad" en general pasaron a ser, gracias a él, elenco estable de las ideas de la política.

Milei transformó temas tabú en placas de televisión, títulos de medios y aplausos en las redes sociales con tanta facilidad y tanto éxito que obligó a todos a prestarle atención a su fórmula casi mágica. El recién llegado pasó de alumno a maestro en cuestión de semanas, e hizo algo más: avisó que había una "batalla cultural", una guerra invisible por el sentido común de los ciudadanos, en el suelo argentino. Y que era él quien la estaba ganando.

Ante el pánico por su crecimiento y, sobre todo, por la fuga de votos, Juntos por el Cambio pegó un volantazo. Hizo lo que ya había hecho en España el Partido Popular ante la irrupción de VOX: obligado por la aparición de un pez grande en su misma pecera, migró su discurso hacia posiciones mucho más duras. Los halcones fueron más halcones que nunca y empezaron a gritar como Milei, a incorporar sus tesis y a buscar pelea con sus mismos enemigos. "A mí no me corren más con el discurso progre cínico, no me lo banco más, ¿dónde mierda están las prioridades?", dijo Macri en la presentación de uno de sus libros, en octubre del 2022. Era el mismo dirigente que cuando llegó al sillón de Rivadavia le gustaba mirarse en el espejo de Barack Obama y de la socialdemocracia europea. Fue, además, el primer insulto en público que hizo en su carrera política. "Los gritos, los insultos, no hablan de mí, hablan de ustedes", había dicho en su última apertura de sesiones del Congreso cuando era presidente, mientras diputados kirchneristas lo toreaban desde sus bancadas. Tres años después, los insultos y gritos seguían sin hablar de Macri: hablaban de Javier Milei y de la falta de respuestas de los halcones ante su aparición en la política. Por eso es que la entonces presidenta del PRO, Patricia Bullrich, le juró al fundador del partido que antes de que llegara el momento de votar al nuevo presidente iba a "traerle la cabeza" de Milei, que iba a lograr que el economista se sumara al partido. Una promesa que no pudo cumplir.

Para las palomas de la oposición el desafío fue aún más duro. Hacer convivir las grandes tesis de este bando de la oposición, como el diálogo y la sana convivencia democrática, con los nuevos modos e ideas en danza era una tarea digna de contorsionistas. Horacio Rodríguez Larreta, líder de esta ala, tuvo que salir de su lugar de confort para ensayar opiniones en las que a todas luces no creía. Por ejemplo, el gobierno porteño pasó de dictar talleres de lenguaje inclusivo para sus empleados y de publicar flyers sobre salud sexual usando la letra X a prohibir el lenguaje inclusivo en las escuelas en junio del 2022. Larreta, en persona, pasó de estar de acuerdo con un impuesto a la vivienda ociosa —octubre 2021, en una entrevista con Ernesto Tenembaum y Jairo Straccia— a "no apoyar un impuesto a las viviendas vacías" —octubre 2022, en una entrevista con Luis Novaresio—. Un año antes de las elecciones, este sector perdía fuerza en las encuestas frente a los halcones, que se habían adaptado mejor al clima de época.

El peronismo, por su parte, siguió con atención este tembladeral en el corazón del adversario, a pesar de que cuando Milei se lanzó a la arena política lo tomaron como poco menos que un chiste. Pero luego del 17% el histórico movimiento empezó a tener en cuenta al libertario, sea para levantarlo como el gran cuco de la política —y así bajarle el precio al macrismo—, o para imaginarlo como un aliado táctico a futuro que garantizara robarle votos a la oposición. Para el 2023 intendentes del peronismo de todo el país se pasaban entre ellos un talonario que imaginaba cuánto saldría financiar a un candidato local que lograra el okey de Milei para competir dentro de su lista, mientras que gobernadores prestaban ayuda financiera o logística para los desembarcos del liberal en sus provincias. En plena crisis política y económica del Frente de Todos, el libertario —y los votos que lograra arrebatarle a Juntos— prometían ser un aliado indispensable para intentar mantener el poder. "Estamos rogando que Milei saque muchos votos, eso habla de que hemos perdido el norte", dijo Fernando "Chino" Navarro, secretario de Alberto Fernández, en un rapto de sinceridad en una entrevista.

Es que Milei hizo mucho más que sacudir la escena: se plantó en el centro de la agenda, obligó a todos los actores a seguirle el ritmo y se terminó transformando en uno de los dueños de la pelota. A partir del 14 de noviembre del 2021 no hubo un solo plan de las dos grandes fuerzas para las elecciones nacionales que no tuviera en cuenta al economista y a sus votantes.

De esta manera Milei provocó un tsunami en toda regla y reescribió la política argentina. Transformó palabras como "impuestos", "diálogo", "Estado", "progresismo" en pecados que solo los valientes se animaban a pronunciar, mientras que "libertad", "liberalismo", "casta", e insultos de todo tipo pasaron a ser slogans taquilleros. Peronistas históricos, radicales de varias generaciones, macristas confesos y kirchneristas arrepentidos borraron su pasado con el codo y empezaron a autoproclamarse "liberales" de toda la vida, con la intención de ver mejorar sus números en las redes sociales y en las encuestas.

Fue un crecimiento que tuvo en cuenta no solo la política sino también el círculo rojo. Milei pasó de ser, en el mejor de los casos, el economista de pelos largos que decía por televisión ideas que los empresarios no se animaban a decir en público a convertirse en un actor relevante del ecosistema. Hombres y mujeres de todas las industrias empezaron a consultarlo y a llamarlo para sus cócteles y eventos. El clímax de esta escalada fue cuando lo invitaron por primera vez al exclusivo Foro Llao Llao, a mitad del 2022 en el mítico hotel barilochense. Esa es la reunión cumbre del jet set local que tuvo presencias de popes como Marcos Galperín, de Mercado Libre, Martín Migoya, de Globant, Eduardo Elsztain, de IRSA, Sebastián Bagó, de Laboratorios Bagó, Carlos Miguens, del Grupo Miguens Bemberg, entre otros. Era la prueba de que Milei había entrado por la puerta grande a la política vernácula, una realidad que también se notaba en las costosas cenas que organizaba el diputado. Comer con él, una práctica típica de un dirigente que busca financiación, costaba de tres mil a diez mil dólares por persona, una tarea de recaudación que llevaba adelante con mucho celo Karina, su hermana.

Pero el libertario quería más. Era el "elegido" del "número uno" para cumplir una misión divina, y la profecía decía que tenía que ser el sucesor de Alberto Fernández. Los números lo acompañaban: después de su sorprendente debut político, varias consultoras hasta lo imaginaban entrando a un ballotage.

Sus seguidores, los Gastones del país y los que lo seguían desde su época televisiva, soñaban con lo mismo. Eran, en su mayoría, trabajadores en relación de dependencia o profesionales de primera generación, ciudadanos a los que cada aumento del alquiler les duele, imagen muy alejada a la del "cheto" que votaba a Álvaro Alsogaray en los noventa. De hecho, los fans del "león", que en su mayoría eran hombres, se apropiaron de tradiciones culturales típicas de los partidos masivos, como los bombos y los cantos de cancha. Crearon su propia versión de "llegó la JP", para entonarla cuando su líder entraba a los actos y para echarle nafta a sus sueños presidenciales.

Abran paso, llegó Javier Milei
Ponga huevo, la casta va a correr
Militamos con el corazón
Este año la Rosada es del León.

* * *

Esta era solo la cara visible de Milei y de La Libertad Avanza, la que mostraban ante la sociedad y con la que habían sacudido el escenario político. Para también había otra, tan lejos de la que aparecía ante el público que era muy difícil distinguir cuál era la real y cuál la fachada.

En el espacio anticasta se hacía exactamente lo contrario a lo que se decía. En el 2021, en su debut político, el libertario y el frente habían puesto a la venta los cargos legislativos de la lista. No es un eufemismo: los lugares para la Legislatura porteña en la boleta de La Libertad Avanza estuvieron disponibles para el mejor postor. El que salió más caro costó U$S500 mil, una fortuna para cualquier argentino promedio de la que se desconoce su paradero. Lo único que está claro es que esos miles de dólares no fueron destinados a hacer una "Argentina grande otra vez", como suelen decir los mileisistas, jugando con el slogan trumpista.

A otros puestos en la lista Milei los canjeó por los sellos que le habían permitido presentarse a las elecciones. Fue una acción que fue devuelta a los prestadores (los dueños del partido Unite y del MID), comerciantes de la política cuya única ideología son las ganancias, con distintos negocios suculentos. Todo bien lejos de la idea de la meritocracia y de los valores históricos del liberalismo.

Esta trama oculta se manejó en extrema reserva durante la campaña del 2021 (ver capítulo "2021"), y la conocieron solamente los involucrados y los que se beneficiaron de ella. Pero al año siguiente, luego de llegar a ser diputado, Milei dio un paso en falso. Quizás mareado por el 17% y por el círculo de fanáticos que le repetía que iba a ser el próximo presidente, hizo una jugada de más. Aprobó una purga masiva de militantes y dirigentes, una estudiada operación que comandaron su hermana —apoyada en lo que las cartas de tarot le decían, que le señalaban quién era "un traidor" y quién no— y el operador Carlos Kikuchi, el entonces recién llegado monje negro que había sido asesor de Domingo Cavallo en la etapa de este como ministro de Economía.

A mitad del 2022 echaron o corrieron de cualquier lugar de decisión a muchos que habían fundado el espacio y que tenían voz propia, la espalda suficiente como para discutir con el líder o a militantes que, sencillamente, creían en las "ideas de la libertad". Aunque eran muy distintos entre sí, todos los expulsados tenían algo en común: no estaban dispuestos a estar cerca de "la casta" y mucho menos a hacer negocios o alianzas con ella, postulado que repetía Milei en los estudios de televisión y que había sido precisamente lo que los había acercado en un primer momento a La Libertad Avanza.

Fue en la brutal razzia donde el libertario empezó a mostrar la hilacha. Es que ahí dejó en evidencia que estaba dispuesto a hacer cualquier cosa con tal de llegar a encabezar una boleta presidencial. Incluso si eso suponía poner una parte importante de la lista, en cada provincia y en cada localidad, a la venta. Kikuchi, en privado, era aún más crudo. "Es que con ustedes no se puede negociar", dijo en una de las reuniones en que comunicó despidos, ante militantes que habían escuchado decenas de veces a Milei decir que con "la casta" no había que negociar nada. A Mila Zurbriggen, la presidenta de la juventud libertaria que se fue del espacio con durísimas acusaciones, el operador le fue aún más crudo: "Los lugares los van a ocupar los que pongan más plata".

Eso sucedió a mitad del año pasado. En el arranque del 2023, a meses de las elecciones, la situación había escalado a otro nivel. Milei estaba cerrando, a lo largo y a lo ancho del país, con los históricos candidatos de las terceras fuerzas locales, hombres y mujeres que pasaron por el peronismo y la oposición según qué le conviniera al oficialismo de turno de cada lugar. En criollo: el proclamado anarcocapitalista estaba en la cama con políticos que hace décadas o generaciones vivían de eso, que siempre fueron funcionales a las necesidades del momento, y que no tenían absolutamente nada que ver con lo que el espacio decía ser —con Ricardo Bussi, el hijo orgulloso del genocida tucumano para el cual Milei trabajó, como caso estrella—. Y para lograr esto estaban amenazando y echando a todos los liberales de cada localidad, y lo hacían porque los nuevos candidatos aportaban plata a la campaña —¿o a los bolsillos?— de Milei.

El economista, que había estado seis años con una importante deuda ante la AFIP pesándole sobre la espalda, pasó en el 2021 de vivir en un tres ambientes en una calle oscura en el Abasto a una casa con patio en un coqueto country de Benavídez, y de tener un solo traje con el que se paseaba en todos los canales de televisión —uno viejo, gastado y a rayas, que le quedaba grande— a varios de las marcas más exclusivas.

Había un abismo entre quien Milei decía ser y quién era en realidad. ¿Cuál era, entonces, la verdad?

4

Hola a todos

Javier Milei está poseído. Fuera de sí. Se mueve de un lado a otro, con un ritmo frenético, haciendo y deshaciendo el camino sin ninguna lógica aparente. Da pisadas cortas, en puntas de pie, y con la cintura bamboleante exagera cada movimiento. El pecho lo tiene inflado y los brazos están descontrolados. Los codos van rápido hacia adelante y hacia atrás, mientras que con las manos se agarra la cintura, una pose que a veces rompe para levantar los dedos hacia el cielo como si estuviera esperando un milagro. Pero donde más se nota que está envuelto en una especie de trance es en su rostro. La boca se abre con poca naturalidad, para inmediatamente después cerrarse con fuerza y terminar con los labios bien pegados, en pose de beso. La cabeza, con un pelo largo todavía rubio, gira solamente en ciento ochenta grados, y pasa de mirar por arriba del hombro izquierdo al derecho.

Javier Milei está solo en el medio de una larga ronda. A su alrededor hay una decena de hombres trajeados exactamente igual que él, con un pantalón de vestir gris apretado, un saco negro de tres botones, una corbata de las que se usaban antes, más gruesas que las de ahora, y una pulcra camisa blanca. El público grita o aplaude mientras "el loco", como lo llaman, baila.

Es el arranque de 1983 en Argentina, al gobierno de la dictadura militar le quedan tan solo unos meses, y, mientras que los Rolling Stones triunfan con su rock demoníaco por el mundo, Milei sueña con ser Mick Jagger en el patio del colegio Cardenal Copello.

"El loco", el apodo que se había ganado Milei en el primer año y que le iba a durar toda la secundaria, era toda una excentricidad dentro de la escuela. El Copello era, en los comienzos de los ochenta, una de las dos grandes instituciones educativas de Villa Devoto y había logrado una comunión importante con esa localidad. Era un barrio bastante distinto al que es hoy. Casas bajas, calles tranquilas, seguras y poco transitadas, y vecinos que pasaban toda la vida en el mismo lugar y que conocían a todos los que vivían en los hogares de al lado.

El Copello había sido fundado en 1937 en la calle Nueva York 3443, el lugar donde todavía funciona. Los artífices de la escuela fueron los Hermanos Menesianos, una congregación católica nacida en Francia que seguía estando al frente de la institución y de la mayoría de las clases para la época en que Milei cursó. El Copello había encastrado perfecto en el ethos de clase media acomodada de aquel barrio. En aquellos ochenta tenía estudiantes cuyos padres ya habían ido a esa escuela y que, como mandaba la tradición, se pasaban las tardes en el campo de deportes de cuatro hectáreas que el colegio había comprado en Tres de Febrero, o en los torneos, bailes, sorteos y otras actividades que organizaba la Asociación de Amigos del Colegio Cardenal Copello, manejada por padres, madres y exalumnos, y que hasta contaba con su propia revista mensual.

Salvando las diferencias socioeconómicas y geográficas, el Copello hablaba el mismo idioma que el Cardenal Newman, la escuela de élite a la que fueron Mauricio Macri y muchos de los que luego serían funcionarios de su gobierno: un grupo endogámico de alumnos con pasado y futuro en la misma institución, donde educación y deporte eran ámbitos indivisibles (fútbol en uno, rugby en el otro), exclusivamente para hombres (norma que ambas escuelas cambiaron, la primera en 1990 y la segunda recién en 2023), con un fuerte sentido de pertenencia y manejado por una estructura cerrada de hermanos que impartían educación con rigor y donde se le daba suma importancia a los "valores" y a la familia tradicional.

Salvo por el fútbol, donde se iba a hacer rápido una fama de arquero temerario que salía a descolgar centros sin reparar en la integridad física de los rivales, Milei no encajaba del todo en ninguna de estas categorías. O, mejor dicho, no encajaba para nada. Su familia era un misterio, algo que para los códigos del Copello era una rareza. Él vivía a dos cuadras del colegio, una realidad que compartía el grueso del alumnado, que conocía a los padres y a las madres de sus compañeros no solo por la escuela sino por la propia vecindad. Pero a Horacio Norberto Milei, un chofer del colectivo 111 que en pocos años iba a dar grandes saltos en el escalafón social, nadie jamás lo vio en aquellos tiempos. Era un hecho que no pasaba desapercibido en esa comunidad.

Alicia, la madre, con pasado de trabajo administrativo, era en cambio una presencia exótica en el barrio. Aunque compartía con su esposo la condición de no haber generado lazos con sus vecinos, los paseos diarios que hacía con sus dos pequineses blancos daban de qué hablar. Por su corte, bien trabajado en la peluquería, por la ropa elegante pero con estilo propio que usaba, por su figura —que rápido empezaron a notar también sus compañeros— y por sus dos perros saltarines, de una raza que en aquel momento no se veía en la Ciudad, daba la impresión, cada vez que salía, de haber hecho un parate en un rodaje de una película de Hollywood para ir a caminar por el barrio. Si Alejandro Dolina hubiese escrito sobre Villa Devoto en lugar de hacerlo sobre Flores seguramente la hubiera incluido en alguno de sus cuentos.

Pero, puertas adentro, la vida de Javier y de su hermana dos años menor eran un tormento. Palizas, golpes, humillaciones, maltratos, y la falta de amor por parte de su padre fueron una constante en la infancia del futuro diputado, una larga serie de suplicios que incluían la atípica fórmula de que la madre no era víctima sino victimaria. El 2 de abril de 1982, un año antes de que Milei entrara a la secundaria, sucedió no solo el comienzo de la Guerra de Malvinas sino una brutal anécdota que ilustra a la perfección lo que fueron para él aquellos años. El niño vio sorprendido los anuncios grandilocuentes que hacía la televisión sobre el comienzo del conflicto bélico, y cometió el pecado de decir en voz alta —con las certezas que un chico de 11 años puede tener— que la escalada iba a terminar mal para Argentina. Eso provocó la indignación patriótica de Norberto, que lo golpeó con una salvaje violencia. Karina, testigo involuntario de la paliza, sufrió un shock tan terrible por presenciar la escena que hubo que llevarla al hospital. Desde ahí la madre telefoneó a Javier. "Tu hermana está así por culpa tuya , si se muere es culpa tuya".

Las consecuencias de este horror en el niño no eran difíciles de imaginar. Durante sus años en el Copello, Javier fue un chico apartado, sin ningún amigo íntimo ni pertenencia a un grupo. Sus compañeros no recuerdan haberlo visto jamás ni en el colegio ni en el campo de deportes fuera de hora. Mucho menos en los boliches que solían frecuentar. A pesar de que era un buen arquero, varios escalones más arriba que el resto, nunca generó vínculos con sus compañeros de equipo. Tampoco le recuerdan novia o amorío pasajero.

Javier Milei se recibió en 1988 y jamás volvió a pisar la escuela. Ni visitó de nuevo su campo de deportes, ni asistió a las clásicas reuniones de exalumnos. Durante sus años en el Copello no pudo conectar con sus pares, no se juntó con ellos después de las clases ni conoció sus casas. Nunca los volvió a ver. En todo su tiempo como estudiante, Milei solo encontró una manera para acaparar la atención del resto, la única oportunidad en la que lograba algo de aceptación porque lo veían como algo más que el "loco" de la clase: cuando en los recreos imitaba con bastante destreza los bailes de Mick Jagger, danzas que en los mejores días cerraban con una tanda de aplausos. Más de tres décadas después, estar en el centro de atención de cualquier situación sin la necesidad de entablar un diálogo de ida y vuelta con los presentes —como cuando bailaba como un Stone— sigue siendo el lugar en el que más cómodo se siente.

* * *

Milei tuvo una infancia tortuosa, que alcanzó grados de horrores difíciles de imaginar. Solo, con un padre que se ausentaba hasta en la Navidad y en Año Nuevo, sin amigos, sin novias, sin popularidad, y con un corte de pelo algo excéntrico —parecido al que tiene ahora pero con un pelo más rubio y más lacio—, tenía todos los números para ser el blanco del bullying más despiadado de aquellos años.

Lo que lo salvó de ese destino triste fue exactamente lo mismo que décadas después lo convertiría en un producto irresistible para las cámaras de televisión, algo que ya de adolescente tenía grabado en las venas y que hoy es su sello inconfundible: sus raptos de ira y furia descontrolada, ataques que serían el motivo del apodo que lo acompañaría en sus años en el Copello.

—Es que era bravo, eh—, dice uno de sus compañeros del colegio, que ahora ya peina canas—. Varios lo gastaban, pero hasta ahí. Si te pasabas de vivo se plantaba Javier, se iba a las manos. "El loco" era bravo.

5

"Hay que cortarle la cabeza"

—Te pido que te presentes en sociedad. La verdad es que estamos acostumbrados a ver pasar por acá a los clásicos, a los consagrados, pero está muy bueno tener miradas diferentes y nuevas—, dijo el periodista Pablo Rossi, para romper el hielo.

—Bueno—, contestó, después de unos segundos de pausa. —Yo soy Javier Milei—.

El 28 de abril del 2015, a las 23:32 de la noche, Milei pronunció sus primeras cinco palabras en la televisión argentina. Estaba con un traje negro de rayas blancas que le quedaba grande, una corbata roja y cierto nerviosismo. No era para menos. Debutaba en la pantalla grande en el mítico programa de Mariano Grondona, *Hora Clave*, por Canal 26. Enfrente tenía al coconductor Rossi y al lado a su mejor amigo, el economista Diego Giacomini. Esa relación, la más larga y profunda que tuvo en toda su vida —o, mejor dicho, la única—, iba a explotar por los aires en cinco años. Pero ese doloroso e inesperado final estaba todavía muy lejos. En aquel momento iban juntos a todos lados, hasta los estudios de televisión.

Para esa época Milei era todavía un completo desconocido. Salvo en el reducido ambiente de los economistas liberales, nadie sabía su nombre. Por eso es que el periodista lo invitó, en el arranque del programa, a contar su biografía.

Dijo que era economista jefe de la Fundación Acordar (un *think thank* que respondía y financiaba el entonces gobernador Daniel

45

Scioli y que conducía Guillermo Francos, exdirector del Banco Provincia), que trabajaba de docente, que tenía seis libros publicados y más de 100 notas en medios. Todo eso lo narró con un ritmo pausado y algo trabado, como un alumno que recita lo que estudió de memoria en un final difícil.

—Bueno, no seré famoso como economista, pero sí como rockstar— remató la presentación, ensayando una sonrisa que apenas revelaba los dientes.

Milei se refería a su etapa como cantante de *Everest*, la banda Stone que armó después de terminar la secundaria en el Copello y que duró unos años. Fue un chiste que nadie entendió, y que tampoco motivó una repregunta de Grondona o de Rossi, que simplemente la dejaron pasar y continuaron con el programa.

Solo él y su amigo se rieron.

* * *

Alejandro Fantino se acercó por atrás a Javier Milei y le puso las manos sobre los hombros. No se podría decir que lo estaba agarrando de sorpresa. Para el 2019 jugaban de memoria.

—¿Qué hacés, libertario? Che, ¿todo esto es tu brazo? ¿Esto son tus tríceps? Pero, ¿qué hacés? ¿Qué estás entrenando? ¿Qué estás comiendo? Estás grandote, eh, como estás libertario eh, no te para nadie, no lo para nadie a este eh, me encanta che, me encanta.

Fantino se movía como pez en el agua en la pantalla de América. En el último tramo del gobierno de Macri su programa, *Animales Sueltos*, estaba en pleno apogeo. El show había arrancado con una estética casi noventosa, que mezclaba vedettes con poca ropa con jugadores de fútbol y humoristas en la medianoche, pero con los años había virado hacia un programa con entrevistas, de actualidad y de política. Con esa nueva impronta se transformó en una Meca para dirigentes y funcionarios, que perseguían al conductor y a las autoridades del canal para lograr unos minutos de entrevista mano a mano o aunque sea una breve participación en la mesa del panel. Para la temporada número 11 —de 221 emisiones, con un promedio de tres puntos de rating y un pico de 5.4, un número realmente bueno para la televisión abierta—, lograr una silla ahí podría valer oro para quien pretendiera incidir en aquel año electoral.

Fantino era el rey de esa jungla. Después de añares de intentar dejar atrás su imagen de relator deportivo —"comentador de fútbol", lo sigue llamando el filoso Horacio Verbitsky—, había empezado a cursar la carrera de Filosofía en la Universidad Católica de La Plata y se pasaba su tiempo libre leyendo a Nieztsche o Kant y libros de historia de la Antigua Grecia. También preparaba con esmero las notas a políticos, economistas, artistas, analistas, científicos y personalidades destacadas de todos los ámbitos. Esas entrevistas tenían tanta repercusión que algunas, sin exagerar, daban la vuelta al mundo, como la del actor Ricardo Darín, cuando contó por qué le dijo que no a Holywood, o la de Sergio "Maravilla" Martínez, en la época en la que el boxeador acababa de convertirse en campeón mundial. Era la consagración como periodista "serio" que Fantino había soñado gran parte de su vida.

El conductor y su show catapultaron la figura de Milei. Es imposible separar su éxito político del éxito que primero tuvo en los medios. En eso tuvo mucho que ver Fantino, que lo mimó y le dio lugar.

El economista había debutado en esa mesa el 26 de julio del 2016. Esa noche contó por primera vez su plan para destruir el Banco Central, defendió a ultranza a Federico Sturzenegger —entonces presidente de esa institución—, y tuvo su primer cruce televisivo con el periodista Ismael Bermúdez. Pero también hizo más que todo esto: mostró las primeras cartas de su discurso incendiario, el mismo que tiempo después prendería en muchos argentinos.

—¿Saben qué? El sector público, la corporación política, nos hizo esclavos tributarios de una corporación política (*sic*), parasitaria, inútil y chorra. Ese es el problema de Argentina—, dijo, cuando todavía no se habían cumplido los primeros diez minutos del programa. Fueron sus tres primeros insultos en la pantalla.

* * *

Milei todavía no hablaba de "la casta". Ese concepto central hoy en su plataforma, y que ahora usan miles de jóvenes, llegaría recién a principios del 2021, cuando se lo sugiriera su estratega de campaña, Mario Russo. En sus primeras pasos en la televisión cargaba contra "la corporación política" y contra los males que decía que traía.

Sin embargo, fue una prédica que en ese momento no prendió demasiado. A pesar de que en su estreno en *Animales Sueltos* se presentó con la misma fórmula de cruces y gritos que luego lo llevaría a liderar el rating —se peleó fuerte con Bermúdez por la supuesta ineficacia del Estado y lanzó insultos hasta para Keynes— en el programa no lo volvieron a llamar en todo lo que quedaba del 2016. Recién un año después, el 5 de julio, volvería a pisar el estudio. Esa sería apenas una de las dos apariciones que tendría en esa temporada del show.

Pero en el final del 2017, luego de una formidable victoria del macrismo en las elecciones legislativas, algo cambió en la relación de Milei con los medios. En los últimos tres meses de aquel año tuvo más invitaciones a la televisión que las que había tenido en su vida: el 30 de octubre estuvo con Pamela David en América, al día siguiente volvió al mismo canal para ser entrevistado en *Polémica en el Bar* —show al que regresaría el 22 de noviembre, el 12 y 28 de diciembre—, pasaría dos veces por Buenos Días América de Antonio Laje —el 18 y 21 de diciembre— y cerraría el año en el ciclo de Gerardo Young en A24. A pesar de que estaba claro que su lugar en el mundo era América, apareció en ese lapso en los ciclos de Santiago Cúneo y de "Chiche" Gelblung en Crónica TV, y el 13 de diciembre pisaría por primera vez el Grupo Clarín. En el histórico programa *A Dos Voces* lo presentaron como "el punk de la economía".

Para este momento, Milei ya había definido quién era su máximo enemigo en la vida. No era Keynes, la corporación política, la casta, los impuestos, el peronismo, Cristina Kirchner ni el Estado. Era el jefe de Gabinete de Mauricio Macri.

* * *

—El pelotudo de Macri le dio todo el poder al comunista de Marcos Peña, que es el verdadero presidente, y la cagó. Marcos Peña es un parásito inútil que no puede sumar ni en una calculadora. Marcos Peña es un incompetente, un inepto, un idiota, un chupasangre, un estúpido, un hijo de puta, un impresentable, un necio, una basura. Marcos Peña es el responsable de este desastre económico. Marcos Peña tiene toda la culpa. Marcos Peña nos empobreció a todos. Marcos Peña le sale caro al país. A Marcos Peña hay que sacarlo a patadas en el traste. A Marcos Peña hay que tirarlo en una isla abandonada. A Marcos Peña hay que cortarle la cabeza con una katana.

La campaña de Milei contra la mano derecha de Macri fue el caballo de batalla con el que se consolidó en la primera línea de la televisión. A partir de fines del 2017 no hubo una sola entrevista en la que el economista no le dedicara un rato a tirarle la culpa de todos los males a "Marcos Peña", como le decía él, con nombre y apellido y con un asco evidente. Cualquier error que cometía el Gobierno y cualquier desbarajuste que sucedía en la economía tenían, en su construcción, un solo responsable.

En los programas que lo invitaban le ponían de fondo imágenes del funcionario o le preguntaban por él para hacerlo saltar, en lo que se empezó a convertir en una especie de sketch que hacía el libertario en cada aparición en la pantalla. De hecho, la catarata de insultos contra Peña fue tan voraz y tan repetida que el programa *Bendita TV* hizo varios informes donde se reían de la situación. Ponían los recortes del libertario atacando a su enemigo, uno atrás del otro, mientras que en los graphs se preguntaban por qué "no lo podía superar" y también planteaban la duda de si el jefe de Gabinete le habría "robado una novia" en el pasado. Había también otra explicación, que involucraba al empleador del liberal y a la guerra descarnada que en aquel momento libraba con el macrismo.

Entre los insultos a Peña, el look extravagante, las críticas al tamaño del Estado y a la "corporación política", su rechazo al "populismo", sus gritos alocados, el novedoso hecho de que un economista libertario debatiera sobre autores, libros y teoría en el prime time, el complejo rumbo que empezaba a tomar la economía y la crisis política del gobierno macrista, Milei se convirtió en una figura irresistible para la televisión primero y para el público después.

En ese camino tuvo episodios que ayudarían a instalar su figura y que se convertirían en virales en las redes, momentos bisagra que lo consolidarían como un personaje mediático. Eran todas peleas. Contra el economista inglés Keynes y su libro *La teoría general* —"es un panfleto dedicado a la corporación política corrupta y mesiánica"—, contra el diputado del PRO Daniel Lipotesky —"parásito, inútil, chupasangre, político de mierda, son lo peor, les gusta la plata"—, con la modelo Sol Pérez —"no sabes de las cosas que hablo", cruce que terminaría con ella llorando, acusándolo de misógino y yéndose del programa—, con la periodista salteña Teresita Frías —"decís burradas, tenés problemas graves de comprensión, no entendés, sos una burra, hablás de cosas de las que no sabés un carajo, es una falta de respeto hablar sin saber"—, con el periodista Carlos Gabetta —"no te pasés de salame, no te pasés conmigo que te estropeo, ignorante, vení a partirme la nariz viejo acabado"—, con la periodista Carolina Perín —"metete lo políticamente correcto en el orto"—, con el senador Nito Artaza —"sos un fascista, un nazi, un chorro"—, con el matarife Alberto Samid —"sos un bruto"—, con el periodista Claudio Zlotnik —"bruto, ignorante, pelotudo, voy a refregar tu cara por el piso"—, con la periodista Clara Salguero —"te voy a humillar públicamente, decís mentiras y estupideces"—, y con el panelista Diego Brancatelli —"decís estupideces, sos un burro"—, por nombrar solo las más conocidas.

Los altercados, en el fondo, eran todos iguales. Los rivales de turno le presentaban una opinión con la que él no coincidía, pero en cambio de entrar en un debate de ideas se brotaba, se ponía nervioso, gritaba sin control, transpiraba, se agitaba, amenazaba con la violencia y a veces se iba del estudio. Ahí ya no era ni el economista ni el libertario, sino que volvía a ser "el loco" del Copello que se protegía del bullying con brotes de furia. Algunos de los cruces evidenciaban un desequilibrio emocional, que probablemente tuvieran que ver con la súbita muerte de su perro/hijo Conan a fines del 2017.

Aunque hay muchos, el ataque descontrolado a la periodista Frías, que le había hecho una pregunta sobre la teoría keynesiana, es un buen ejemplo. La catarata de insultos a grito pelado que lanzó contra ella en una conferencia de Salta fue tan escandaloso —duró seis minutos de reloj, video que se puede ver en YouTube—, que provocó que el resto de los colegas presentes se negaran a continuar la charla hasta que el economista no se disculpara. Eso jamás sucedió y Milei, de hecho, terminó agrediendo a toda la sala. "Es un acto de populismo barato, impresentables, la falta de respeto es hablar sin saber", devolvió el libertario, acción que ocasionó que varios lo fueron a buscar. La escena terminó a los empujones, con varios expulsados del lugar y con la acción de oficio del juez de violencia de Género de Metán, que lo denunció por maltrato.

El magistrado sometió al libertario a un examen psicológico y lo declaró persona no grata de la ciudad. La causa cerró un mes después, en julio del 2018. El libertario volvió a Salta y pidió "disculpas" ante la Justicia. "Es que estoy atravesando un mal momento personal", le explicó al juez Carmelo Paz.

* * *

Todo este raid mediático tuvo sus consecuencias. El auge del "peluca", como ya lo empezaban a llamar con cariño sus seguidores, estaba iniciando su meteórico ascenso. En poco tiempo su cara iba a estar en los celulares de jóvenes de todo el país, que empezarían a copiar sus modos, sus palabras, su discurso contra los políticos y a hablar de "la libertad". De hecho, el 1 de diciembre del 2017 nació la primer cuenta fan en Youtube, que llevaba un nombre premonitorio: "Milei Presidente", usuario que creó un joven que en aquel momento ni siquiera conocía al protagonista pero que hoy literalmente vive de lo que le paga ese sitio de videos por los millones de reproducciones que tiene su canal (de 630 mil seguidores, casi el triple que la cuenta oficial de Cristina Kirchner).

Para el 2018 el libertario ya era un fenómeno en toda regla y hasta se había animado a hacer funciones en el teatro, donde mezclaba humor con economía. La consultora Ejes midió la presencia en la televisión de los economistas en aquel año, y la ventaja de Milei era asombrosa: estaba primero con 235 entrevistas y 193.547 segundos al aire, casi cincuenta mil segundos arriba del que iba segundo. Por esa época apareció por primera vez en la histórica encuesta de la revista *Noticias* sobre "los 100 argentinos más influyentes". Estaba en el puesto 43, mejor posicionado que, por ejemplo, la entonces vicepresidenta Gabriela Michetti. El 12 de julio llegaría por primera vez a la tapa de ese medio, el mismo que años después revelaría su rostro oculto y con el que el libertario pasaría del amor al odio más profundo. "Efecto Milei y la Argentina freak: son extravagantes y fascinan a un país que también vive al borde. Rozan la patología psicológica, pero tienen éxito y poder", era el título, que estaba acompañado por una imagen del fotógrafo Juan Ferrari. Milei aparecía sosteniendo un caño gigante, en posición de ataque, y gritándole a la cámara.

—Me pone muy contento la ascendencia que tenés en mucha gente. Los pendejos te quieren, mi hijo te ama. Mirá Javier, ya sos Trending Topic—, le dijo Fantino en uno de sus programas en el 2019. —Vos siempre tuviste condiciones, pero eso sí: no te olvides que yo soy el tipo que te puso a jugar en Primera.

* * *

Milei es un fenómeno político porque antes fue un fenómeno mediático y de las redes. Es imposible separar uno de otro, entender a uno sin entender al otro. El público al que conquistó con sus modos y con su personalidad es el mismo que después se transformó en su votante. Las encuestas que hace La Libertad Avanza, de hecho, indican que el atributo que más le valoran sus electores es que "dice lo que piensa", aspecto que mostró primero en la televisión.

La versión oficial, la que tanto a Milei como Fantino les gusta repetir, es que el romance del libertario con el rating arrancó en su programa, en América, y de pura casualidad. El conductor un día se cruzó con el economista Guillermo Nielsen, cercano al libertario, y este le sugirió llevarlo a su programa.

Pero también hay otra historia. Es una que está oculta, y que involucra a uno de los hombres más poderosos del país, al que un día el macrismo le quiso arrebatar uno de sus grandes negocios. Y que desde entonces les declaró la guerra.

6

"Dale una mano a Javier"

Mauricio Macri tiene varias habilidades. Una, muy entrenada, es la capacidad para guardar rencor. Pueden pasar semanas, meses, y hasta años, pero hay algo en su sangre calabresa que lo hace capaz de retener broncas con la misma facilidad con la que respira. Para todos los que ayudaron a su padre, la persona que más amó y odió en su vida, a hacerlo sentir infeliz hay un lugar especial guardado en su corazón.

Uno que integra esa reducida élite es el histórico jefe de Milei, Eduardo Eurnekian. La biografía de Wikipedia dice que es un empresario y filántropo argentino de origen armenio, que es una de las personas más ricas del país (sexto a nivel local y 1929 a nivel global según la lista de la revista *Forbes*, con una fortuna estimada en U$S1.500 millones), que es presidente de la Corporación América ("un conglomerado que incluye a distintas industrias como la aeroportuaria, agroindustrias, energía e infraestructura, que cotiza en la Bolsa de Nueva York"), que tiene la concesión de 52 aeropuertos en el mundo, que la italiana Florencia le entregó las llaves de la ciudad, y que tiene 90 años. Uno más que los que tenía su íntimo amigo, Franco Macri, cuando murió en el 2019.

Macri padre y Eurnekian podrían haber sido hermanos. Tenían los mismos códigos, forjados al calor del mundo complejo de la posguerra: una fuerte presencia de las raíces italianas/armenias, una vida dedicada al trabajo, una pulsión inherente por el poder, la mano dura y exigente para los cercanos, y la soberbia típica de quien controla un pequeño pedazo del cielo. También compartían otra cosa. A ambos les gustaba desprestigiar a Mauricio cada vez que estaba cerca. "Boludito", lo llama el dueño de la Corporación América, un apodo que la leyenda dice que primero se lo puso su propio padre, el hombre que le hizo la vida imposible. "Es que tu viejo es el que la tiene clara, no vos", le dijo más de una vez Eurnekian. El fundador del PRO lo detesta desde que tiene memoria.

Por eso es que visitar al amigo de su papá estaba en el podio de la lista de prioridades que armó cuando vislumbró que iba a ser presidente. Esa reunión sucedió a fines del 2015, a poco del ballotage, cuando Macri estaba convencido de que iba a suceder a Cristina Kirchner y ya se portaba como si fuera el jefe del Estado. Eurnekian, que con 90 años sigue siendo más rápido que la mayoría, también intuía que el hijo de Franco iba a derrotar a Daniel Scioli. Sabía que en los cuatro años siguientes muchos de sus negocios, relacionados al Estado, iban a depender de la relación con Mauricio y con su gobierno. Pero aun así su sangre armenia pudo más.

—¿Qué hacés, boludito?—, le dijo a Macri apenas este entró a su oficina en Aeropuertos Argentina 2000.
—Primero que nada, al presidente no se le dice boludito—, le devolvió el calabrés, con la fría calma de quien sabe que está por ejecutar una venganza largamente planeada. —Y segundo: olvidate de China, de Rusia, y de todas esas boludeces en donde estás invirtiendo. Conmigo es Estados Unidos y solo Estados Unidos. ¿Está claro?

* * *

Esa tensa reunión fue más que una amenaza: fue un adelanto perfecto de lo que le esperaba a Eurnekian durante el mandato de Macri. Su gobierno eligió al gigante del Norte de socio político y comercial, mientras que le dio la espalda a Rusia y a China, los países que tanto Franco como su amigo veían como el futuro de sus emprendimientos. Y para el armenio, Mauricio tenía guardadas algunas sorpresas más. Le quería demostrar que no era ningún "boludito".

Ya desde el cónclave en Aeropuertos Argentina 2000 (la compañía de Eurnekian que opera 35 terminales aéreas en todo el país) había un elefante en la habitación. Era el temor de que el futuro gobierno le arrebatara al empresario la concesión de los aeropuertos de Ezeiza y de Aeroparque, las joyas de este negocio. Aún hoy, Eurnekian está convencido de que si no le pudieron sacar el control de esas terminales fue nada más porque no encontraron el hueco legal. Porque lo intentaron. Y mucho.

Primero el gobierno le mandó dos auditores, que se instalaron durante dos años en la empresa. No solo monitorearon todas las cuentas de la compañía, cada peso que ingresó y que se fue, sino que se sumaron a la mesa del directorio que se reunía cada tres semanas. Estaban buscando cualquier pista sobre dinero malhabido o algún tipo de irregularidad, para tener así una excusa con la que interrumpir una concesión que legalmente vencía recién en el 2028.

Los dos hombres, exhaustivos como sabuesos entrenados, eran enviados del Ministerio de Transporte que conducía Guillermo Dietrich, con quien Eurnekian también tuvo una pésima relación. Esa cartera, a veces a través del propio ministro, le presentaba quejas constantes sobre la baja inversión que consideraba que había en sus aeropuertos. Más de una vez el que respondía los mails de Dietrich era Rafael Bielsa, excanciller de Néstor Kirchner, en ese entonces presidente de la empresa aeroportuaria y hombre de temperamento.

En uno de esos intercambios el tono escaló. El Gobierno le exigió a Eurnekian la cabeza de Bielsa, con quien además no simpatizaba por su pasado peronista, como condición necesaria para seguir negociando. Era la prueba de que la guerra había llegado a una instancia donde no se tomaban rehenes ni prisioneros: el otrora funcionario tenía la oficina pegada a la del armenio y era su mano derecha.

A esa altura del conflicto Eurnekian no tenía la más mínima duda. Estaba convencido de que detrás de la furiosa avanzada para quitarle la concesión de Ezeiza y Aeroparque estaba el niño que vio crecer hasta convertirse en un hombre al que no respetaba. Y el hecho de que el Gobierno le hubiera designado a Mario Quintana como interlocutor solo confirmaba sus sospechas.

Quintana era el vicejefe de Gabinete, cargo que compartía con Gustavo Lopetegui, y formaba un trío junto a Marcos Peña, al que el Presidente llamaba en público "mis ojos, mis oídos y mi inteligencia". Eran los hombres de mayor confianza de Macri, que se movían como una misma persona. Pero a la cabeza estaba uno: la persona más odiada por Milei.

* * *

Eurnekian vive para el trabajo, y es extremadamente metódico. Tanto que, por ejemplo, no le gusta levantarse sin saber dónde está. El hombre tiene tres casas —una en la zona norte del Gran Buenos Aires, otra en Estados Unidos y la última en Armenia—, que por adentro son exactamente iguales, indistinguibles a nivel arquitectónico, con las mismas piezas y las mismas habitaciones. Cada vez que abre los ojos en alguna de ellas el megaempresario sabe que está en su hogar.

Esa disciplina para su vida profesional se traslada a su personalidad. Cuando está trabajando es una máquina, un robot que puede pensar soluciones e ideas para los problemas de una sequía en Armenia, de un aeropuerto en Italia, de una inversión en la frontera argentina o programar la visita pendiente que tiene al Vaticano. Todo en simultáneo. Es un todoterreno que se mueve a escala global. En una época su oficina se comunicaba con una antesala que tenía ocho puertas: la leyenda dice que en cada una de las habitaciones sucedía una reunión distinta, y que él se iba moviendo de una a otra como un maestro ajedrecista que juega a la vez partidas paralelas.

Cuando está en ese trajín, abocado por completo a la tarea, es prácticamente imposible sacarlo de eje, lograr que su cabeza se relaje y piense en temas más banales. Hacerlo perder la concentración es una tarea titánica para cualquiera. Salvo para Javier Milei: él lo hacía descostillar de la risa. "Es que es un loco este, es un loco", decía Eurnekian, atragantado por las carcajadas, cuando el economista le hacía alguna broma. Su jefe no lo sabía, pero estaba repitiendo el apodo que le habían puesto en el Copello.

Milei comenzó a trabajar para Eurnekian en 2008. Llegó a ser economista en jefe de Aeropuertos 2000, calculando los riesgos

56

que tenían las grandes inversiones que hacía el armenio en el país. Aunque para el último tramo de su estadía en esa empresa sería respetado por sus compañeros y por su jefe —aunque no se llevó de ahí ningún amigo—, la relación del libertario con la compañía tuvo altibajos. Hasta 2016, de hecho, el libertario no se presentaba en público como parte del staff, sino como miembro de la Fundación Acordar de Daniel Scioli. Una curiosidad: a esa institución la comandaba Guillermo Francos, histórico hombre de Eurnekian (desde el año 2000 trabaja para él), al punto tal de que cuando Francos se convirtió en director del Banco Provincia durante toda la segunda gestión de Scioli lo llamaban, puertas para adentro del gobierno bonaerense, el "infiltrado del armenio".

Quizás Milei tuviera otra razón para no presentarse como parte del grupo de Eurnekian. Uno de los pocos amigos de Milei aquella época asegura que, hasta que el empresario no entró en guerra con el macrismo, el libertario no era tenido seriamente en cuenta en la compañía. Y que durante años le tuvieron congelado el sueldo nominal, como invitándolo a retirarse. Sin embargo, a la par del conflicto por la concesión de los aeropuertos, algo cambió en la relación entre el armenio y el león, que llegaría a ser el bromista preferido del jefe. Esta nueva afinidad llegaría al punto tal de que Milei renunciaría a su trabajo recién el 9 de diciembre del 2021, horas antes de asumir como diputado de la Nación.

Además de Fantino, de su innegable histrionismo y de su look rockero, Eurnekian tuvo muchísimo que ver en su éxito mediático. Fue su sponsor.

* * *

Entre los tantos negocios de Eurnekian, los medios siempre ocuparon un lugar de importancia. Fue dueño de Cablevisión, Fibertel, del diario el *Cronista Comercial*, de la *Radio Aspen, Metro* y *Del Plata*, del canal *Magic Kids*, y del canal Á, entre otros, emprendimientos que compró barato y vendió caro. Además de ser buen comerciante, el armenio tiene olfato para lo que la sociedad espera de un medio en determinado momento histórico. Entiende el juego, conoce a todos los actores y tiene audacia y creatividad.

Quizá sea por eso que nunca se desprendió de América. Lo compró en 1990 y, aunque fue vendiendo la mayoría de las acciones, sigue controlando el 17,5%. No solo eso: tiene el derecho a poner dos personas en su directorio y, sobre todo, tiene el poder que le da la cláusula 3.2 del acuerdo de accionistas. Ese inciso le da la potestad a incidir sobre los programas periodísticos que se emiten en el canal cuya mayoría la tienen los empresarios Daniel Vila, José Luis Manzano y Claudio Belocopitt. Es la misma emisora que vería crecer a su empleado.

Es verdad que esto en sí no encierra absolutamente nada extraño. Que Milei se haya hecho famoso en el canal del que Eurnekian controla una parte importante no es una prueba suficiente. El empresario tiene alrededor de 10 mil empleados en el mundo, y en el canal América pasan cientos de invitados por día. No hay por qué suponer que una cosa tenga que ver con la otra.

Salvo por el relato que hace un hombre que trabajó durante un largo tiempo en la Corporación América y que ahora, café en mano en el Alto Palermo, revela el backstage del arribo de Milei a los medios. Es un consultor en comunicación, experto en el lobby y en el roce con periodistas, empresarios y políticos. Con Eurnekian compartió mesa en decenas de ocasiones. Tiene una agenda nutrida, trabajó para las grandes figuras del círculo rojo, y conoce el paño.

Cuenta que, ya alejado del grupo del armenio, recibió un llamado de parte de su gente en el último tramo de 2017. Tiene el recuerdo bien presente, porque le sorprendió la cantidad de plata que le ofrecieron, no solo para él sino para la tarea.

—Me llamaron de parte de Eduardo. La idea era instalar a un economista que laburaba para él, que me decían que era medio excéntrico, en los medios amigos. Había bastante guita. El eje de comunicación que querían era muy claro: darle a Peña.

La persona en cuestión era Milei. El trabajo consistía en abrirle la puerta a programas amigos, presentarle a conductores y periodistas y ayudarlo en el armado de la agenda mediática. Era una tarea para la que —según este relato— tenía el dinero que a veces se necesita para comprar unos costosos minutos en la televisión.

Sobre todo en los ciclos que van de noche, que tienen mucho rating y que no le dan aire porque sí a completos desconocidos. La única condición era armar un "eje de comunicación" que apuntara de lleno contra el entonces jefe de Gabinete.

Pero esta versión no es la única. Otras dos personas que trabajaron en esos años muy cerca del empresario aportan lo que vieron. "Sé que alguna vez lo llamó a Daniel Hadad para pedirle un lugar para Javier", dice alguien que supo ser de mucha confianza del armenio. Hadad no solo tiene afinidad con el megaempresario, sino que el 20% de Infobae América pertenece a Tomás Eurnekian, sobrino de Eduardo, que además es el gerente de ventas internacionales. El 27 de junio del 2013 Milei publicaría su primer nota en ese sitio —"¿cómo contratar a un genio?"—, y para 2015 sería ya elenco estable entre sus columnistas.

Un hombre que se sentaba en el directorio de Aeropuertos 2000 en aquellos años cuenta la misma historia pero desde otra óptica. "Eduardo estaba harto mal del Gobierno. No es que empujó a Milei por amor a él, sino porque necesitaba alguien que hiciera ruido y al que más cerca tenía para ese tipo de tarea era él. No sé de quién fue la idea, pero claramente funcionó". Una persona muy cercana al libertario en aquellos años da una versión más llana. Según este relato, no fue que Eurnekian empujó a Milei, sino que fue un cruce de coincidencias: el economista llegó por la suya a la televisión y ahí apuntó contra Peña por un disgusto puramente personal, porque creía que la decisión del entonces gobierno de echar a Sturzenegger —al que admiraba— del Banco Central había sido un grave error. Pero cuando se dio cuenta de que ese relato agradaba a su entonces jefe y que gracias a eso este le empezó a dar más lugar en la empresa —y a mejorar sus ingresos—, profundizó los ataques.

* * *

Para Marcos Peña todo esto es historia antigua, un pasado del que no se arrepiente pero que quiere dejar atrás, como quien da vuelta la página luego de salir de una relación compleja. Aunque pueda sonar sorprendente, la realidad lo ayuda: cuando sale a correr por los bosques de Palermo, varias veces a la semana, o cuando se sienta en los café de moda de Avenida Libertador, nadie lo reconoce. Nadie se le acerca, ni para saludarlo o criticarlo, lo que no deja de ser llamativo. Hasta finales de 2019 era él, para una gran parte de la población e incluso para su propia coalición, el culpable de los males del país y de, sobre todo, la derrota electoral.

Es verdad que está cambiado. Más flaco, de buen humor y con movimientos ágiles, parece como si hubiera rejuvenecido. Quizás simplemente se sacó una tonelada de peso de la espalda y se reencontró con el Peña previo al 2003, cuando se convirtió en legislador porteño y comenzó su meteórica carrera política. De cualquier manera, está claro que hoy es mucho más feliz que cuando era el jefe de Gabinete que concentró más poder en toda la historia argentina. Hasta se animó, en uno de los viajes por el mundo que ahora volvió a emprender con bastante regularidad, a tatuarse el gemelo. Es una rosa de los vientos, un símbolo típico de los mochileros de todo el globo, que se sumó a las letras chinas que tiene dibujadas en el antebrazo derecho y que significan "armonía".

Ahora está totalmente alejado de la política local. Tuvo un pequeño paso en el último tramo de la campaña porteña de María Eugenia Vidal en el 2021, que solo confirmó sus sospechas de que esa arena ya no era para él. Ahora asesora a figuras de distintos oficios —desde empresarios a deportistas—, explora la posibilidad de abrir un novedoso emprendimiento turístico y hasta lanzó su propio podcast de entrevistas en Spotify. Su cabeza, sin embargo, no se oxidó ni un poco, y sigue moviéndose a velocidades supersónicas.

De hecho, no tiene que pensar demasiado. Cuando le nombran a Milei su mente vuelve rápido a la época en la que el libertario hizo su volcánica irrupción en los medios, y a la campaña que hizo para ubicarlo a él como el gran enemigo de la salud del país.

Lo tiene muy presente. A pesar de que Milei surgió como figura en la misma época en la que el Gobierno que coprotagonizaba empezaba a enfrentar las consecuencias de la crisis económica, hubo una parte de la atención de Peña que siguió al liberal. Es que a él también le sorprendían la constante andanada de críticas y ataques virulentos que le hacía en cada entrevista. De hecho, Milei y sus dardos envenenados lograron algo que casi nadie: un día lo sacaron de eje a él, el hombre robot que soportaba los dardos de gran parte de su partido sin siquiera inmutarse. "En economía hay plateístas que se especializan en soluciones mágicas", tuiteó Peña el 4 de marzo del 2018, acompañado de una nota en la que se criticaba a los "liberalotes" que difundían sus recetas por los medios. Fue un error producto de una calentura, pero además fue un mal cálculo político. Situó a Milei —entonces apenas una incipiente figura mediática— a la par que el entonces todopoderoso jefe de Gabinete, pifie que el libertario aprovechó para contestar desde cada micrófono que se le puso en frente y que le sumó musculatura a su histriónico personaje.

Por supuesto, la historia de que Eurnekian empujó a Milei contra el jefe de Gabinete como una manera de devolverle al Gobierno las gentilezas por el conflicto en los aeropuertos llegó hasta los oídos de Peña. No podía ser de otra manera.

* * *

¿Cuál fue, entonces, el verdadero responsable del desembarco mediático de Milei? ¿Fue Fantino, fue la crisis económica y política del macrismo, fue el rechazo que producía Peña, fueron los gritos e insultos, fue su pelo largo y su look rockero? ¿Fue la sociedad que quería escuchar a alguien que criticara a todo lo que pareciera progresista y que atacara al Estado y al tamaño de los impuestos? ¿O fue un peón dentro del ajedrez bélico de Eurnekian contra aquel Gobierno, una necesidad del armenio que precisaba engrosar su ejército y dar la batalla también desde la televisión?

Quizá fueron todas esas razones, que se complementaron entre sí gracias al momento histórico, a la viveza del libertario y a la necesidad de rating de la televisión. Pero también está la otra historia, la del megaempresario que dio el visto bueno para que el economista que lo hacía reír tuviera minutos en su canal y en otros medios amigos. Eduardo Eurnekian es una de las piezas importantes en el surgimiento y consolidación de la figura de Javier Milei, por el empuje que le dio y que le seguiría dando.

Y sospecho que hay piezas de este rompecabezas que todavía quedan por descubrir, como por ejemplo por qué el Wilobank, el banco digital de Eurnekian, compraba regularmente —y de a varias decenas— entradas para las obras de teatro de Milei. Y por qué, hasta hoy, el diputado de la Nación sigue teniendo el mismo teléfono y el mismo número que le dio la Corporación América.

Tiene algún sentido que el libertario nunca promocionara esta realidad. Es más cómoda su tesis, la de que triunfó en la televisión gracias a la suerte y al empuje de Fantino y de sus fans: si los enemigos de Milei no son sus verdaderos enemigos sino los de su jefe, ¿qué hay de cierto en todo lo que dice el economista?

El empuje que Eurnekian fue importante para su desembarco mediático. Y también sería esa misma mano, la que le daba de comer, la que lo ayudaría a entrar en la arena política.

* * *

José Luis Espert quedó atónito. No terminaba de entender si Eurnekian le estaba queriendo hacer una broma o si lo estaba poniendo a prueba. Sabía que alguien relacionado a los medios como el empresario no podía no estar al tanto. Todos los que transitaban este mundo conocían la profunda tirria, casi rayando la enemistad, una mezcla de pelea de egos con discrepancias políticas y personales profundas, que lo unían con el otro economista del momento. Por eso no terminaba de entender el juego del hombre al que estaba yendo a visitar para anunciarle que tenía intenciones, el año entrante, de competir por la Presidencia.

—Dale, José Luis. Dale una mano a Javier. Fijate dónde lo podés meter—, le repitió Eurnekian, por si no le había quedado claro.

Era un pedido difícil de rechazar. Era la mitad de 2018 y Espert había decidido meterse en política. Había hecho un camino parecido al de Milei. Medios, cruces televisivos y tiroteos en las redes sociales y el particular clima de época le habían dado la chapa suficiente como para poder soñar con protagonizar una boleta presidencial. El liberalismo al que él adscribía y la oleada antiprogresista estaban empezando a ponerse de moda en todo el mundo, y Espert quería ser el rostro argentino de este fenómeno.

Para la aventura electoral ya tenía nivel de conocimiento, ambición y hasta un equipo, pero le faltaba algo: dinero. Por eso fue a ver a Eurnekian, un recorrido similar al que hacen muchos políticos —con este y otros grandes empresarios— cuando empiezan a juntar fondos para solventar su campaña. Milei, de hecho, haría el mismo camino hasta el armenio en el arranque del 2021, acción que le sería devuelta con el "préstamo" de un importante gerente a su campaña, que se encargaría de ser el *foundraiser* del espacio y de acercar empresarios dispuestos a poner dinero (ver capítulo "El negocio de la casta").

Espert lo tuvo que meditar un tiempo. Detestaba a Milei, no lo respetaba intelectualmente y le producía un rechazo hasta casi físico, un sentimiento compartido por ambos. Pero si quería el apoyo de Eurnekian iba a tener que aceptar. Finalmente convocó al libertario, que en aquel momento tuvo sus dudas pero dejó la puerta abierta. Esa llamada del entonces candidato al economista, alentada por su jefe, sería el primer paso formal del camino que terminaría con La Libertad Avanza encaminándose a ser una de las fuerzas más votadas en 2023.

Espert, por su propio interés, le dio una mano a Milei. Y este le agarró el hombro.

7

"La misión"

Cuando le dijo que sí a Espert y cortó el teléfono, Javier Milei tenía cincuenta años. Era el final del pandémico 2020, y lo que acababa de suceder, luego de un largo tiempo de dudas y de idas y vueltas, era absolutamente inesperado.

No había nada en su biografía que pudiera haber previsto el paso que había dado. Él jamás había tenido ningún tipo de militancia. A tono con el clima del Copello y de la Universidad de Belgrano, donde se recibió de economista, no había participado en política ni en sus años de estudiante secundario ni universitario, una tradición que tampoco rompió en su etapa como profesional. Tampoco se había rodeado de amistades o relaciones con vocación de gestión pública o de un activismo declarado. Nunca había sido parte de una volanteada, de una actividad por los barrios, de un conteo de votos, de un cierre de listas, y recién en su faceta como figura mediática había empezado a aparecer esporádicamente en algunas marchas, pero con fines más de marketing que de compromiso social.

De hecho, si alguna relación había desarrollado con la política había sido el rechazo, que se transformó después en el centro de su discurso incendiario. Toda su vida apuntaba en un sentido contrario a esa carrera. Por eso haberle confirmado a Espert que se iba a sumar a su frente electoral era algo totalmente fuera de registro.

Para cuando Milei decidió ingresar a la política ya era una figura de relevancia mediática. Desde 2018 tenía la capacidad de llenar actos y salas de teatro con solo tirar un mensaje o una foto en sus redes, ya había fans declarados del "peluca", que copiaban sus modos, sus palabras y sus ideas, y hasta se había hecho cierto nombre dentro de la gran familia de la nueva derecha latinoamericana. También contaba con un acercamiento lejano a los pasillos del Estado, o al mundo de "la casta", como la llama él: en 1994 fue asesor del genocida y corrupto Antonio Bussi, cuando este se convirtió en diputado, época en la cual lo ayudó a redactar un proyecto de ley sobre la producción de azúcar y otro sobre la del limón.

Es decir que él conocía lo que lo esperaba del otro lado del mostrador, y podría haber dado el salto antes. De hecho, los liberales que armaron la candidatura de Espert lo habían tanteado primero a él para ocupar ese lugar en 2019, y hasta le habían prometido una cuantiosa suma de dinero si accedía. En ese momento declinó la oferta, pero tan solo un año después estaba aceptando ser la cabeza de una boleta en la Capital del país y de un partido que apenas estaba naciendo. El giro era abrupto e inesperado.

Entonces, ¿qué es lo que provocó que Milei diera un vuelco de 180 grados a su propia biografía? ¿Qué lo convenció de pasar de gritar e insultar a toda la clase dirigente a querer ser parte de ella? ¿Por qué hizo ese cambio radical, que terminaría a su vez modificando aspectos centrales de su propia personalidad? Es una pregunta que se hacen muy seguido los pocos amigos que tenía el libertario y que, transformación mediante, ya dejaron de verlo y de hablar con él.

Son dudas claves en esta historia. De la misma manera en que es imposible entender el fenómeno político sin entender antes el fenómeno mediático, desarmar la arquitectura de la sorpresiva decisión del libertario es imprescindible a la hora de abordar lo que luego sería La Libertad Avanza. ¿Qué pasó por la cabeza de Milei en esos momentos?

* * *

Como cualquier cambio importante en la vida de una persona, es difícil hallar una explicación única. Milei, de hecho, tiene dos.

La primera es hija de un análisis suyo. Dice que en algún tramo de ese 2020, mientras seguía los canales y los medios, comprendió que había una "censura" ocurriendo contra los liberales como él, y que su posibilidad de dar la "batalla cultural" contra el "socialismo" y contra la "corporación política" estaba encontrando un límite por esta vil campaña. Era un argumento extraño. Milei, una figura que surgió al calor del rating y de los clics, era la prueba viviente de que ese veto no existía. De hecho, este razonamiento él lo contaba desde los estudios de televisión.

La otra razón oficial sobre por qué dio el salto nació de una cena con el secretario general del sindicato de Farmacéuticos y Bioquímicos, Marcelo Peretta, un hombre alineado con Patricia Bullrich y que luego sería el nexo entre ambos dirigentes. A él lo conocía de los sets y tenía una particularidad: su esposa, a la que tiene tatuada en el brazo izquierdo, tenía buen trato con Karina. Más de una vez le había comprado las tortas de cumpleaños que ella hacía (Sol Sweet, se llamaba su pastelería) y que eran una de sus fuentes de ingresos hasta el redituable salto de su hermano.

La comida entre los cuatro sucedió a mitad del 2020, en lo que fue una violación a las restricciones que imponía la cuarentena. Peretta, de hecho, tuvo que charlar un largo rato con el encargado de seguridad del coqueto edificio en el que vive, para que dejara pasar a los invitados sin hacer una denuncia ni llamar la atención. Eran días en los que el miedo ante el virus estaba en un pico máximo. El sindicalista logró convencer al trabajador, mientras que sabía que para los otros comensales el factor sanitario no sería un problema. Milei estaba entre los que minimizaban el impacto del Covid-19, y de hecho se negó a vacunarse hasta el final del 2021, cuando finalmente terminaría cediendo solo para poder "viajar y facturar" por las charlas que daba en el exterior.

La cena transcurrió de la misma forma en que suelen suceder todos los encuentros privados con el libertario. Más allá de los formalismos y los protocolos, con él nunca hay un diálogo real ni una conversación de ida y vuelta, sino que suelen ser monólogos y exposiciones ante la audiencia de turno. Los tópicos suelen girar, casi con exclusividad, entre su amor por los perros y por el fallecido Conan —aunque se cuida en no aclarar la verdad—, por la economía y la historia del liberalismo, y ahora también por la política y sus vericuetos. Aunque los años pasaron, sigue siendo "el loco" del Copello, el niño que no es capaz de establecer un vínculo con los que lo rodean más allá de los momentos en los que aparece como el centro de la escena.

A Peretta y su esposa les tocó la charla económica. Milei descubrió que el sindicalista tenía un proyector en la pared frente a la mesa, que se conectaba a los celulares. Se pasó la comida poniendo videos de clases y discursos de liberales de todos los tiempos. Pero para la hora de los postres apareció el hijo pequeño de Peretta, fan de Milei. Traía un regalo: todas las boletas de las elecciones 2019, que puso entre los platos. Era una puesta en escena, que incluía el remate del sindicalista.

—Decime, Javier, ¿dónde están las ideas de Milei representadas acá? —lanzó Peretta, y el economista hizo lo que nunca. Se quedó en silencio.

* * *

Aunque con algunos detalles de más, estas son las dos historias que da el libertario cuando le preguntan sobre su trascendental decisión. Pero hay aristas desconocidas sin las que no se puede entender la jugada que terminaría poniendo en jaque el empate hegemónico entre el kirchnerismo y el macrismo y que haría que miles de personas por todo el país descubrieran a un nuevo líder.

Quizás la respuesta esté en la anatomía de ese instante, en desarmar los segundos en los que Milei dijo que sí, que iba a meterse en política por primera vez. Es que esa llamativa decisión es mucho menos sorprendente que el contexto.

Es que el odio a los políticos, el motor de su arquitectura discursiva, estuvo precedido en su biografía por otro, mucho más elemental, más terrorífico, más inexplicable y, sobre todo, más doloroso: la terrible relación que tuvo desde niño con sus dos padres, que con los años decantó en años de silencio entre ellos. Si hay algo cierto sobre el libertario, mucho más que su pasión por el fundador de esa ideología, Murray Rothbard, o sus sueños sobre quemar el Banco Central y luego a todo el Estado, es que Norberto y Alicia habían hecho un infierno con su vida. Es esa y no otra su verdadera marca identitaria.

Por eso lo que rodeaba a la llamada con Espert era más llamativo que el hecho en sí. Y ese alrededor no era otro que la casa de sus padres, a quienes durante casi toda su vida Milei no llamó por sus nombres, ni "papá" ni "mamá", sino "progenitores". Es decir, que el libertario, cuya bandera es el odio y la rabia contra "la casta", confirmó su entrada a la política desde el hogar de las dos personas con las que más enojado estuvo a lo largo de su vida. Era la ira al cuadrado.

* * *

Había dejado su hogar en el Abasto cuando comenzó la pandemia. Desde entonces y hasta poco antes de jurar como diputado, Milei vivió en el departamento que tienen sus padres en una lujosa torre de Vicente López, con vista al río. También se solía sumar Karina, que vive en el mismo complejo pero en otro edificio.

Era un regreso a la vida familiar bastante atípico. Primero por el hecho de que él tenía 50 y ella 48, una edad en donde no se suele ver a los vástagos regresar al nido, y segundo porque Milei se había pasado la vida entera hablando pestes de ellos. Incluso lo hizo ya en su etapa como figura mediática, lo que le había generado a Norberto muchas conversaciones incómodas.

La bronca del libertario estaba más que justificada. A las golpizas rutinarias de la juventud, y a la ausencia de "Beto", como llaman a su papá, en el hogar, se le sumó en los años siguientes una nueva forma de tortura psicológica. Cuando Milei dejó el arco de Chacarita para dedicarse de lleno al estudio de la economía, Norberto le pagó la carrera y todos sus gastos personales, pero era un apoyo bastante retorcido: su padre le hacía sentir la dependencia que tenía de él y de su bolsillo, ya agrandado porque había pasado de chofer a dueño de líneas de colectivos, a cada paso del camino. "Siempre fue despectivo para mí y para mi carrera, siempre me dijo que era una basura, que me iba a morir de hambre, que iba a ser toda la vida un inútil, un incompetente, y me exponía a situaciones muy complicadas en la época de los exámenes para que me fuera mal", contó el propio Milei. El último año, quizás para evitar que pudiera al fin recibirse, el padre dejó de pagarle la carrera. El futuro diputado, de manera curiosa, logró hacer frente al tramo final de sus estudios gracias a lo que cobraba de una pasantía en el Banco

Central. "Es parte de la lógica perversa de él. Vos entrás porque dice que te va a respaldar y cuando estás en el medio del proceso, te lo quita. Entonces, si fracasás te dice que sos un inútil y esas cosas".

En sus primeros años como profesional la situación no mejoró. Cuando su hijo cumplió treinta años, en el 2000, Norberto le regaló el departamento del Abasto en el que vivió hasta la cuarentena. Era un lugar cómodo, de 100 metros cuadrados, en las Torres de la calle Gallo, una zona no demasiado elegante del Abasto. Pero Norberto, un hombre complicado, no se lo regaló pensando en hacer un favor, sino en todo lo contrario. La idea era hacerle sentir la presión, la dependencia que tenía de la billetera paterna, ajustar un poco más el nudo de los tormentos. "¿Ves que sos un inútil? Ni comprarte un lugar para vivir podés hacer vos", le decía el padre al hijo. Fue una lógica que se trasladó al auto que le dio años después, un Peugot RCZ gris que todavía sigue sin poder manejar bien. "¿Ves que no servís para nada? Hasta el auto te tengo que dar".

Padre e hijo tenían cada tanto agarradas y pasaban meses sin hablar, distancia que empezó a crecer cuando el propio libertario empezó a sospechar que la fortuna que estaba empezando a amasar su padre era más bien irregular. También temió otra cosa. En un momento le desapareció bastante plata que tenía ahorrada para comprarse una casa, y siempre pensó que se la había robado su "progenitor".

—No quiero tener más nada que ver con él. Anda con gente turbia—, le dijo un día a uno de sus amigos de aquella época, cuando todavía estaba muy lejos de lanzarse a la política y quería despegarse de él, no por un cálculo sino por una cuestión "ética y moral".

Las sospechas del hijo sobre cómo Norberto pasó de ser chofer de la línea 21 a vivir en uno de los edificios más caros en una de las zonas más caras del país estaban bien encaminadas (ver capítulo "Los pacados del padre"). Entre esa desconfianza, los terribles años de la infancia, el terror psicológico durante la facultad, la extorsiva dependencia económica en su era profesional y muchos otros tormentos que quizás algún día se conocerán, la relación, que nunca fue buena, fue llegando a un límite. Y en algún momento del 2010 explotó por los aires. Milei pasaría más de ocho años sin cruzar una sola palabra ni con Norberto ni con Alicia.

Karina, que nunca cortó la relación con sus padres, estuvo intentando durante años reacercar a la familia. Fue un trabajo de hormiga que solía terminar con su hermano enojado y a los gritos contra ella. Recién a fines de 2018, cuando el economista volvía de una charla en el sur, se daría el reencuentro. La hermana llegó al aeropuerto con Norberto y Alicia, de sorpresa y sin pedir permiso. Hubo algo en ver a sus padres ya mayores (hoy él tiene 80 y ella 72) que debe haber tocado alguna fibra íntima del libertario.

A partir de aquel momento la relación empezaría a encaminarse. Para el arranque del 2020 estaban atravesando una instancia de unión familiar que jamás había sucedido antes. Por eso es que, contra todo pronóstico, mudarse juntos para la cuarentena les pareció un buen plan. Era el momento de los Milei.

* * *

El economista dice que se metió a la política para "seguir dando" la batalla cultural, y para defender ideas que no estaban presentes en la oferta electoral. Es cierto, pero, como sucede seguido en el planeta del libertario, esa es solo una parte de la verdad.

Por un lado había una especie de revancha personal, si es que se puede poner en esos términos. Decidir meterse en política para liderar una boleta en la Capital Federal desde la casa del hombre que durante toda su vida le había asegurado una y otra vez que era un "inútil", que no servía para nada, tenía un mensaje. Como había hecho antes Mauricio con Franco Macri, Milei fue a buscar en la política la validación ante los ojos paternos que nunca había encontrado en los otros ámbitos en los que se desempeñó. Quería demostrarle, igual que el calabrés al hombre que lo volvió loco durante años, que no era un incompetente que dependía de él para poder sobrevivir o para prosperar en la vida. Que tenía algo, una marca, para dejar en este mundo. Quizá también quería probárselo a sí mismo, y a todos los que lo rodeaban.

Fue, a todas luces, una apuesta que funcionó. No solo por las miles de personas que lo votaron sino, y sobre todo, por lo que cambiaría la relación con sus padres. De pegarle, humillarlo y destratarlo a sentarse en primera fila en sus actos y presentaciones y a hablar maravillas de su hijo ante amigos y conocidos. Incluso llegaron a sugerir ideas y acercar nombres para el espacio. Milei, desde el cuarto de Norberto, dijo que sí para lograr, de una vez y para siempre, el tan ansiado respeto paterno.

Pero hay más razones atrás de la decisión del libertario. Una es mucho más material que la batalla cultural y los fantasmas de la infancia. Es el dinero. A mediados del 2020 Milei le contó a varios de sus conocidos que empezaba a estar ajustado de ingresos, como una gran parte de la población argentina en plena pandemia.

El economista tenía una importante deuda con la AFIP que arrastraba desde hacía años y que se le estaba empezando a hacer difícil de pagar. Tenía que mantener a los cinco clones de Conan, perros gigantescos que no son baratos de alimentar, y a los que, en plena pandemia, había mandado a una guardería animal que había que abonar. También estaba el acecho de los juicios por sus exabruptos, peligro que le sacó el sueño varias noches. La modelo Sol Pérez llevó la pelea mediática a Tribunales, que terminó en una mediación, y la periodista Clara Salguero estuvo a punto de hacerlo.

En esta época, además, empezó a tener algunos cortocircuitos con Aeropuertos Argentina 2000. Es que la fumata blanca entre Eurnekian y el gobierno macrista había sucedido luego de que el armenio apartara a Rafael Bielsa de la conducción de esa empresa. En su lugar puso a Martín, su sobrino. El entorno de Milei cuenta que el joven, que venía de vivir afuera de Argentina, no tenía la misma paciencia para con el economista que tenía su tío, y que fue uno de los promotores de que al libertario le congelaran el sueldo. A Milei no le sobraba el dinero, y hasta tuvo que vender una moto que se había comprado para trasladarse rápido de un estudio de televisión a otro.

Sin embargo, a toda esta película le falta un capítulo elemental. Es que fue en esta época, viviendo con sus padres, encerrado por la cuarentena y sin la contención de su histórico psicólogo, al que dejó de visitar por la pandemia, que la inestabilidad emocional de Milei llegó a su punto máximo.

En el transcurso del 2020, Dios, la filósofa liberal y el mismísimo Rothbard se iban a comunicar con él para alentarlo a dar el salto. O, como empezaba a llamarlo él, para que acepte "la misión".

8

"La misión" II

"Mi gran fuente de inspiración es Conan Milei, quien me ha empujado a descubrir los límites de lo posible aventurándome a lo 'imposible'. Y más allá también".

Javier Milei camina con delicadeza, casi en puntas de pie, como una bailarina dando sus primeros pasos en un escenario difícil. Está en su casa en el Abasto, que desde hace un tiempo se convirtió en una zona de riesgo hasta para su propio dueño. Un paso en falso o un descuido lo pueden mandar derecho al hospital. Es eso, de hecho, lo que está a punto de pasar esta noche.

Un accidente era algo que el economista venía temiendo. Quizás sabía que era imposible de evitar, pero de cualquier manera lo había intentado. Primero mandó a demoler la pared de la cocina. Después siguió con un dormitorio y por último terminó eliminando un baño entero. Luego de que finalizaran las reformas, el departamento de 100 metros cuadrados había quedado con una cocina integrada, un cuarto, y un enorme living. Esa era, precisamente, la idea: un lugar lo más grande posible para lograr que entraran los seis clones de Conan que había mandado a hacer en Estados Unidos.

No era una tarea fácil. Cuando los perros, indistinguibles hasta a nivel genético del original, llegaron desde el país del norte eran apenas cachorros simpaticones. Él les puso el nombre de sus economistas liberales preferidos: Murray (por Rothbard), Milton (por Friedman), Robert y Lucas (por Robert Lucas), además del reemplazo de Conan. También había un sexto, que falleció al poco tiempo. Los animales clonados son más susceptibles a las enfermedades y tienen menos expectativa de vida, y en el caso de Milei también pueden llegar a tener un desenlace inesperado: sería el cachorro muerto —"el angelito", lo llama—, junto al Conan original, quienes le abrirían el "canal de luz" que le permitiría "recibir información del UNO", como le dice él, así, en mayúscula.

Los clones llegaron en mayo del 2018. Para el 31 de marzo del 2019, la noche del accidente, estaban cerca de cumplir un año. Ese es el momento donde los mastines ingleses, la raza preferida del libertario, alcanzan su punto máximo de crecimiento: entre 70 y 90 centímetros de altura (pueden medir hasta un metro ochenta parados en dos patas) y entre 70 y 100 kilos de peso. A nivel físico, están más cerca de ser un pequeño caballo que de los perros que se suelen ver en CABA. Si llegan a perder el control se convierten en unas verdaderas bestias, temibles e imposibles de detener.

El economista era el primero en ser consciente de esta delicada realidad. Tal vez, como un embarazo que termina con mellizos, no había imaginado que desde Estados Unidos iban a llegar tantos clones. De cualquier manera, lo cierto era que tenía a estos animales gigantescos metidos en un departamento de 100 metros cuadrados, en un edificio en el que vivía mucha más gente. De hecho, los vecinos empezaron a presentar quejas por los inmensos canes, que ocupaban todo el ascensor —Milei vivía en el piso 10— cuando el libertario o su paseador, un amigo productor de música, bajaban con ellos. Por todos lados parecía una situación a punto de estallar.

El último manotazo del libertario, que se negaba a aceptar lo inviable que era tener a esos gigantescos perros en un departamento, fue separarlos. Milei temía que se salieran de control o se pelearan entre ellos, y por eso dividió el living en partes iguales para cada perro. Atornilló ganchos en el piso, como las estacas que se usan para las carpas, desde donde ataba a cada uno.

Así los canes se empezaron a mover solo por el largo que le permitía la correa, que iba atada hasta el gancho. En el medio había dejado un espacio libre, al que no podían llegar, para poder transitar y darles comida. Además del temor a un accidente, los mastines ingleses traían otro problema. La casa se había convertido

74

en un inmenso chiquero, tomada por los mastines que hacían sus necesidades, tan grandes como ellos, en su lugar designado en el living.

El 31 de marzo se cumplieron sus temores. Los detalles no son del todo claros. La versión oficial fue que dos de los perros se trenzaron en una furiosa pelea —algo debe haber fallado con su sistema de ganchos— y él, jugándose la vida, se metió en el medio de la trifulca para separar. Pero a sus conocidos les contó otra cosa: que esa noche él estaba yendo por el camino del living por el que podía moverse, pero tropezó y cayó sobre uno de los animales. De cualquier manera, el resultado de ambas historias es el mismo. Uno de los mastines lo atacó y lo mordió feo.

Milei terminó en el hospital. El brazo izquierdo tenía heridas serias, y tuvieron que darle unos cuantos puntos de sutura. También ponerle un yeso. Fue una lesión que le demandó varias curaciones y regresos a la clínica para terminar de sanar. Y, dentro de todo, el economista la había sacado barata.

Él ya lo sabía desde antes, pero el incidente terminó de confirmárselo. No podía llevar a nadie a su departamento, entre el peligro de los animales y la suciedad que generaban. Su hogar se empezó a convertir en una fortaleza inexpugnable, a la que nadie podía entrar. Milei tenía que inventar excusas una y otra vez para justificar por qué no podía recibir personas en su hogar. "Es que esto es Kosovo", decía, y lo presentaba como si fuera un chiste. Pero nadie podía imaginar lo real, lo cruda, que era esa frase. La casa de Milei era Kosovo, y su psiquis también. Se estaba cocinando una tormenta perfecta.

* * *

Para el momento del accidente Conan llevaba muerto casi dos años. El 2017 había sido para él un año tortuoso, imposible, probablemente el peor de su vida.

A la par de que empezaba a hacer ruido en los medios y en la calle, lo que le demandaba un grado de exigencia profesional y de stress novedoso, le había llegado la peor noticia que podrían haberle dado: su "hijito de cuatro patas" tenía una enfermedad degenerativa y había que prepararse para el final. Hay que entender que para Milei el perro no era solo una mascota, sino que literalmente lo ponía a la par de un hijo, ese que nunca tuvo. Con Conan había pasado una decena de navidades y años nuevos, brindando solo con él con champagne, en una copa que le convidaba al animal. Así de grave era esa muerte para él.

La inminente desaparición del can lo enfrentaba, además, con su propia soledad. No tenía novia, su único amigo real era Giacomini, y en ese momento tampoco mantenía relación con sus padres. Karina y Conan eran casi toda su vida. O toda, como daba a entender en las entrevistas que daba. Si a esta realidad se le suman los años de tormentos y golpes que sufrió en su infancia, lo que le costó siempre conectar con las personas que lo rodeaban, y la importancia total que tenía el perro en su psiquis, el resultado devastador de la muerte de Conan se puede empezar a entender mejor.

Es que fue en este punto donde la estabilidad emocional de Milei, que siempre había estado contra las cuerdas, sufrió un duro golpe. Afrontar la muerte de Conan era, para él, sencillamente imposible. Es este otro capítulo central para entender lo que luego sería su aventura política: tan difícil fue este proceso que para sobrellevarlo comenzó a explorar nuevos lugares de la espiritualidad, que eventualmente lo llevarían a los diálogos con el "número uno" y a que este le encomendara "la misión". En un sentido, fue su perro y su muerte el primer peldaño del camino que terminaría, años después, con su rostro en una boleta presidencial.

Es que ante la inminente muerte de Conan, Milei empezó a buscar soluciones fuera de los parámetros tradicionales de la ciencia. Uno fue Gustavo, un brujo al que había conocido por Twitter, que compartía la ideología anarcocapitalista aunque no era un estudioso como él. Acá hay, además, otra prueba de las consecuencias que tuvo para el economista la desaparición del perro. Es que, al principio, en los domingos a la tarde en los que el brujo iba al departamento del Abasto, Milei no terminaba de confiar en el método que traía Gustavo. Este se ofrecía ser el "intérprete" entre Conan y su dueño, y en oficiar como "protector" del animal, que ya daba signos de una avanzada enfermedad.

Pero en algún momento Milei, por convicción o resignación, dejó de resistirse y abrazó las ideas del brujo. Ahí entró en escena otra persona que cambiaría profundamente las ideas del economista. Era la licenciada Celia Liliana Melamed, muy reconocida en lo suyo, que luego sería también la mentora de Karina. Su ámbito de especialidad es la "comunicación interespecies" o, como a veces acepta traducir a regañadientes en alguna entrevista, la "telepatía con animales".

* * *

—Tuve varias etapas donde la comunicación con animales fue saliendo a la luz. Cuando era adolescente había una serie que se llamaba *Daktari*, que se trataba de un guardaparques en África que se comunicaba con animales. También hubo una película, *Dr Dolittle*, que vi de chica. Yo las miraba y decía "ah, esto es lo que quiero ser". Eran como flashes. Más grande empecé a sentir que tenía una conexión diferente, distinta, con los animales. Empecé a investigar, porque me llamaba mucho la atención esta conexión. Esto me llevó a hacer chamanismo y todo tipo de cosas holísticas. Me pareció que iba por aquel lado y no el de la ciencia. Así llegué—, dice la licenciada Celia Melamed, en una charla que se puede ver en Youtube.

—¿Cómo te diste cuenta de que podías comunicarte con los animales?–, le preguntan del otro lado de un Zoom que tiene problemas de conectividad.

—Lo sentía en el corazón. Es una sensibilidad que fui adquiriendo.

—¿Logras comunicarte con perros, conejos, gatos, y puede ser también con los pájaros? ¿Hay diferencias en la comunicación con cada uno de ellos?

—Sí, se puede. Las diferencias pueden surgir de la forma de ser de cada animal, pero no por su especie. Hay animales que no quieren comunicarse... acá me parecería bien explicar un poco cómo yo siento la comunicación. Los animales no hablan, no existe la palabra, pero sí tienen un lenguaje físico, un lenguaje gestual. Bueno, yo no me fijo en el lenguaje gestual. Es más, cuando yo me comunico con ellos lo hago con los ojos cerrados, para poder sentir mejor lo que siento. ¿Qué es lo que siento? Siento como si el animal me estuviera enviando... no sé, no tengo otra manera de explicarlo, es como si fuera un paquete de información, una energía. No tengo otra manera de explicarlo. Yo me abro a esa información y entonces recibo lo que siento. Por eso no hay diferencias si es un perro, un gato, un caballo, o cualquier animal de la naturaleza. Se siente. Los seres sintientes somos un campo de información y cuando estamos conectados intercambiamos este campo de información. No sé si te contesté la pregunta.

—¿Cuál vendría a ser la diferencia entre lo que vos denominás comunicación animal con lo que sería la telepatía?

—Okey, okey. La palabra telepatía tiene un montón de bagaje cultural de las películas de ciencia ficción, donde el que hace telepatía en la película se comunica desde la cabeza. Bueno, esta comunicación yo la llamo… es de corazón a corazón. Lo que se siente cuando uno conecta con cualquier ser sintiente es que la conexión se siente amorosa. En la conexión de corazón a corazón no se siente miedo, ni tampoco una confianza tonta, uno puede sentir quién es el otro y actuar en consecuencia. Ahí estamos todos hermanados en una sensación diferente. Cuando uno comienza a abrir el corazón ahí se produce la comunicación. Ahí está la regla de oro, que siempre se la digo a las personas a las que les enseño esto: una vez que logré abrir el corazón, lo primero que siento del animal es lo que vale. Eso puede ser un sentimiento, una emoción, una sensación física, una sensación cognitiva, una imagen, puede ser cualquiera cosa. Mucha gente es muy mental, y piensa que no puede ser, que no está sucediendo la comunicación con el animal, piensa que no está pasando nada, no siente nada. Pero por eso ahí entra mi regla de oro: lo primero que siento es lo que vale.

El video tiene 600 visitas. En la charla que organizó el Instituto Internacional de Terapeutas Integrales Melamed también se presentó como médica veterinaria, maestra de Reiki Usui, practicante de chamanismo, técnica en ciencias psicofísicas y de sanación y coaching con caballos, thetahealig y teoría del "programa de vida", y con la capacidad de hacer constelaciones familiares, constelaciones familiares con caballos, terapias florales y focusing.

En la entrevista, la licenciada de 63 años, contó que la primera vez que sintió una "conexión especial" con un animal fue con el perro de un almacén al que iba de pequeña, pero que terminó de desarrollar su capacidad recién en el 2008. Ahí "conectó" por primera vez de "forma consciente" en un taller en el que le enseñaban a hacer esto. También reveló varios detalles de cómo es ese momento. Lo hace con los ojos cerrados, en sesiones que duran alrededor de una hora y con los dueños presentes o por Zoom, que le hacen preguntas o comentarios que ella transmite a los animales y viceversa. Hay una cosa que, sin embargo, no dice en la nota, una verdad que guarda para sus pacientes: que también puede hablar con animales muertos.

Pero cuando a la licenciada le toca dialogar con otro tipo de público la charla puede ir por un camino distinto. Es lo que le pasó con las dos entrevistas que hizo con la radio MDZ. Ambas notas están hechas por el programa *No tan millenials*. Los periodistas toman cierta distancia de la comunicación con animales, desconfían del método y hasta son incisivos para llegar al fondo de la cuestión. El problema es que, pregunta a pregunta, se les va haciendo cada vez más difícil mantener la compostura.

—Lo que hago es conectarme con el animal de corazón a corazón. Eso después lo convierto en palabras y así le traduzco a la persona lo que el animal quiere decir, lo que está comunicando. Una vez que conocés la manera de conectar es sencillo comunicarse con todos los animales. El universo se conecta desde ese lugar, parece esotérico pero es muy concreto y real—, arranca Melamed.

—¿Tenés contacto telepático con otras especies?

—Lo más extraño que me pasó fue con una chica que me contactó para hacer comunicación a través de una foto.

—Ah, podés hacer telepatía a través de una foto también—, dice uno de los conductores, y es en este punto donde todos los que están en el piso empiezan a tentarse.

—A través de la foto conecto con esa imagen. En este caso era de una araña grande, una tarántula. Yo le tenía miedo a las arañas, y le dije que sí a la dueña para probarme a mí misma. Cuando conecté con la araña, la sentí como muy cerca. Entonces le dije "disculpá, tengo miedo". En verdad no es que le digo, sino que le mostré mi sentir que era de miedo. Y la araña me dice "alejate vos", y después me dice "son muy raros los humanos".

—¿Todo esto lo hablaron a través de una foto?

—La sensación que me dice es eso, yo lo pongo en palabras.

—Ah, es muy interdimensional esto también. Qué fuerte. A mí me pasa a veces que se me llena el cuarto de los mosquitos. ¿Vos podrías decirles que no me piquen?

—Sí, se puede comunicar con los mosquitos. Se les puede pedir, o hacer un trato. Yo no te mato y vos no me piques. Se puede hacer. Ojo, hay algunos que respetan el trato y otros que no. Mirá que no te estoy inventando nada. Yo no uso repelentes ni nada y en mi casa nunca hay mosquitos.

Acá los periodistas se empezaron a reír al aire. Desde la pregunta sobre los mosquitos en adelante apenas podían contenerse, y dejaron varios baches de silencio. No hacía falta estar dentro del estudio en Mendoza para darse cuenta de que se estaban mordiendo la lengua. Pero no lo lograron. Cuando la licenciada aseguró que en su casa "no había mosquitos", gracias al "trato" que hizo con ellos, los conductores ya no pudieron disimular la carcajada y estallaron. De hecho, terminaron cortando antes la comunicación, poniendo efectos de sonido de insectos y frases graciosas, como la de Moria Casan diciendo "sos más mala que una araña". "Nunca me tenté tanto en la vida", cerró el entrevistador el segmento.

Melamed, sin embargo, no se lo tomó para nada mal. Casi un año después, en diciembre del 2020, volvió a hablar con el mismo programa. Esta vez los conductores, Nicolás Attias, Gonzalo Conti y Laureano Manson, fueron a fondo. Querían conocer más sobre el tema que en aquel momento preocupaba a toda la humanidad.

—Celia, queríamos saber si te habías podido conectar con el virus, con el Covid 19. ¿Se puede hablar con él?

—Te tendría que decir que no se puede, pero la verdad que no es así. Pero yo sé que te vas a tentar.

—No, te juro que no me voy a tentar. A ver, nosotros nos tentamos en aquel momento porque no lo podíamos creer. Además, se viene el verano y aprender a comunicarse con los mosquitos para que no te ataquen ni piquen es un dato clave. ¿Cómo es el asunto con el Covid?

—El asunto es así. Uno cree que no puede conectarse con todo lo que hay, pero uno ya está conectado, pero no es consciente. Lo de comunicarse con el Covid no surgió de mí. Hay muchos comunicadores en Argentina, muchos fueron alumnos míos. Una de las alumnas comunicadoras dijo "¿y si hacemos esto?" Decidimos hacerlo, sin contarnos lo que pasaba. Y la información que surgió fue muy interesante.

—Pará, pará, pará. ¿Había varios telepatas al mismo tiempo haciendo la experiencia de hablar con el virus?—, se sorprendió el conductor, mientras que de fondo empezaban a poner música como de clase de yoga.

—No lo escuchás con los oídos, lo que escuchás es un sentimiento, una sensación, una imagen mental.

—Celia, no vengas con que el virus tiene buena onda porque me vuelvo loco.

—El asunto fue que diferentes comunicadores, tanto en Capital, Rosario, Córdoba, Paraná, recibimos más o menos lo mismo. Todos recibimos que este virus nos va a ayudar a tomar conciencia de lo que nos está pasando y a enfrentarnos con nuestros miedos. La sensación que sentí es que no importaba de dónde viniera el virus, sino que lo importante era parar un poco. Es curioso que todos los que nos conectamos recibimos cosas parecidas.

—Ah, es medio hippie el virus.

—Sí, es medio hippie.

—Cómo que les tiró una buena vibra, un buen mensaje para la humanidad. Más allá de que el Covid se llevó puesta a mucha gente, ¿no?

—Sí.

—Pero, ¿lo pudiste ver al virus?

—No, la charla fue más a nivel sensaciones.

—Hablando de sensaciones, perdón Celia, acá nos dicen los oyentes que tienen la sensación de que nos vamos a ir al pasto. Pero no, este año nos cambió, en otro momento nos hubiésemos tentado un montón, pero antes éramos tipos con más alegría— dice Attias, mientras que la producción le empezaba a poner sonido de mosquitos. —Celia, perdón: te juro que me acaba de picar un mosquito.

* * *

Melamed fue la que terminó de introducir a Milei en el campo de la telepatía animal. Con un poco de esfuerzo hasta se puede imaginar la escena. La licenciada, con sus rulos grises y los ojos cerrados, frente al avejentado Conan en el departamento del Abasto. El hogar, antes de la llegada de los clones, mantenía todavía su formato original. Desde el living sucedía la "comunicación". Ella se "conectaba" con el mastín inglés, y lo "procesaba en palabras" para que su dueño —su padre, en sus términos— pudiera hablar con el perro.

Fue un antes y un después en la vida del libertario. A partir de entonces empezaría a "hablar" con Conan, y Karina, su hermana, terminaría entrenándose con Melamed hasta desarrollar la misma habilidad y ser otra más de sus "alumnas comunicadoras" de las que hablaba en la entrevista. A Milei el asunto le fascinó, y empezó a recomendárselo a amigos y a conocidos cuando estos tenían algún tema con sus mascotas.

Hay algo que no deja de ser impresionante, y que revela mucho de lo que sucede por la cabeza del economista. Es que a los que les pasaba el contacto de la licenciada, y les decía que se presentasen de parte suya —a algunos hasta les pagaba la primera sesión, a modo de cortesía—, les dejaba también una advertencia tajante. "Te prohíbo contarlo, van a decir que estamos locos", le ordenó a un famoso mediático con el que sigue en contacto, luego de hablarle maravillas de la telepatía con animales. Es curioso porque es esta la misma lógica por la que nunca reveló en público las tres visitas de Cristo que dice haber recibido. "Yo lo vi, pero sé que si lo cuento van a decir que estoy loco".

Es difícil entender a fondo cómo se lleva Milei con ese adjetivo. Lo cierto es que lo acompañó a lo largo de toda su vida. En forma del apodo que le pusieron los compañeros del Copello, que no lo podían terminar de entender, en boca de su padre, cuando se quejaba con sus amigos de los comportamientos de su hijo, en boca de su jefe, cuando lo hacía reír con sus excentricidades, y, finalmente, en sus propios labios, que temblaban ante lo que la sociedad podía llegar a pensar si descubría la verdad.

Quizás sea todo parte de un mismo proceso, el corazón del temor más profundo de Milei: que, como le pasó en su hogar y en la escuela, lo vuelvan a considerar un paria, un raro, una presencia que estorba, alguien a quien no hay que tomar en serio. Que al "loco", que tuvo que curtirse en años de soledad y falta de amor, lo vuelvan a dejar solo.

Si esto último es cierto es lo que explica el porqué del impacto que tuvo la muerte de Conan. Si el perro y la hermana eran lo que lo separaba a él de la soledad, de ese agujero negro contra el que luchó la vida entera, es perfectamente lógico que hiciera todo lo que estaba a su alcance para impedirlo. Aun si eso suponía contratar a una médium que le hiciera de telepata. Aun si eso suponía mandar al animal a ser clonado a Estados Unidos. Aun si eso suponía mentir en cada charla, en cada entrevista, en cada comentario en las redes sociales, en cada posteo que hacía la cuenta que le creó en Twitter (@conan_milei).

Aún si eso suponía estirar la mentira desde entonces hasta hoy.

* * *

El 19 de agosto de 2018 Milei llevó a los clones por primera y última vez a la televisión. Le había prometido a la producción de América ir también con Conan, algo que no sucedió por obvias razones. Para ese momento el mastín ya era una especie de estrella mediática, igual que su dueño. En junio, casi un año después de su muerte, Milei había creado el usuario de Twitter ("el primer libertario en cuatro patas") que se hacía pasar por el can. El perro causaba sensación en las redes.

En aquel momento el libertario había empezado a salir con la cantante Daniela, la única pareja que se le conoce, un romance que duró poco más de seis meses. La conductora del programa, Pía Shaw, quiso saber si ya le había presentado a Conan. Milei fue esquivo en la respuesta, dijo que todavía no era el momento, y cambió rápido de tema, igual que en la entrevista con Trebucq años después. Es esa una constante del libertario sobre este asunto, una gambeta que a esta altura tiene bien practicada y que le permitió esconder siempre la verdad.

Es que cada vez que le preguntan un dato puntual sobre Conan, sobre su edad, sobre si lo puede llevar tal día a un estudio de televisión, o sobre si se lo puede presentar, Milei intenta ser lo menos preciso posible e intenta desviar la conversación hacia otro lado. Si no lo logra, siempre tiene un arsenal de excusas a mano. Laura di Marco, por ejemplo, fue la única periodista en entrar a su nueva casa, en un country en Benavidez. A ella, en una entrevista para *La Nación*, le dijo que la ausencia del perro era porque se lo habían llevado a una guardería. En esa nota, Di Marco escribió: "El hombre del momento parece un niño atrapado en el cuerpo de un adulto. Un adulto-niño emocionalmente inestable y caprichoso. El hombre del momento vive solo, y muy pocos entran a su casa".

Sin embargo, pensar que Milei miente acerca de la muerte de Conan es ver solo una parte del asunto. La realidad es aún más compleja. Es que el economista aceptó, después de un proceso largo y tortuoso que lo tuvo sumido en una profunda depresión, que la mascota había fallecido. Incluso hizo un viaje, muy sentido, a una playa famosa de Buenos Aires, en la que tiró sus cenizas.

Fue en esta época donde el libertario empezó a explorar nuevos rincones de su cerebro. Sea por el brujo, por Melamed y la telepatía con animales, por el tiempo y la importancia cada vez mayor que le dedicaba Karina al tema —que hoy habla con animales vivos y muertos con la misma facilidad que su mentora—, Milei se fue convenciendo de una realidad alternativa.

Es la que dice que Conan no murió, sino que esa fue su desaparición física, y que "reencarnó" en uno de los clones.

* * *

Todo lo que tiene que ver con Milei y su misticismo sobrenatural es un tema tabú para su entorno, una trama delicada de la que algunos no quieren hablar por pudor, por miedo o por conveniencia política. Pero, llamativamente, no es para nada un secreto.

Para los que están en su espacio es un asunto no solo del comentario de radiopasillo sino que es una parte importante de la estrategia a largo plazo. Hay quienes realmente están convencidos de que el equilibro emocional del libertario no puede aguantar mucho más, y traducen eso en una incógnita electoral: ¿puede haber mileísismo sin Milei? La mayoría de las respuestas son afirmativas. El grueso de los popes de La Libertad Avanza, al tanto del fenómeno que sucede en el mundo entero, creen que a Argentina llegó para quedarse esta corriente política llamada "nueva derecha", y que, con su actual líder o sin él, va a durar al menos una o dos elecciones más. Por eso la gran pregunta es otra. ¿Quién será ese próximo Milei? Algunos la formulan con codicia política en sus ojos.

Para todos los que conocían al libertario de antes de la política, y estaban al tanto de sus conversaciones místicas, las dudas son mucho más terrenales. Son personas sin ningún cargo público ni mucho menos, ciudadanos de a pie totalmente desconocidos a los que Milei llamaba amigos hasta hace no tanto. No son demasiados. Ellos son, mucho antes que Larreta, Alberto Fernández o cualquiera de sus pares, los que más tiemblan ante el crecimiento del libertario en las encuestas. "Si gana, me tengo que ir del país. Me van a venir a buscar, están todos locos", dicen en este grupo, un miedo genuino y real por lo que saben y lo que vieron, que llevó a que convencerlos de hablar para este libro fuera un trabajo de largos meses.

Los que también están al tanto de esta realidad son todos los que pisaron la coqueta casa de Benavidez a la que se mudó Milei a fines del 2021, mucho más exclusiva que su departamento en el Abasto. Ahí tiene cuatro mastines, divididos en dos grupos. A cada uno le toca un ambiente de la casa de dos plantas, habitaciones en las que los deja con el equipo de aire acondicionado frío-calor prendido, según la época. En el patio grande también el jardín está dividido para cada uno.

El tema es que la matemática no cierra. En esa casa siempre hay cuatro perros y no cinco, como sumarían entre el Conan clonado y los otros cuatro "nietos". Más de una vez alguien le preguntó al dueño por esta aritmética extraña, y se sorprendió con la respuesta. "Pero si acá están los cinco, no entiendo de qué hablas", dice Milei. Es una frase que hace juego con una anécdota famosa dentro de La Libertad Avanza. En un acto, de los primeros que hicieron, el economista pidió que le reservasen cinco sillas en la primera fila. Cuando nadie llegaba a ese lugar y el evento estaba por arrancar, el candidato a diputado avisó que era para "los chicos", que "ya estaban" acomodados en los asientos vacíos.

Es que el diputado cree que los perros lo acompañan adonde va. Y no solo eso, sino que cada uno lo ayuda en una tarea particular. El nuevo Conan es quien le da ideas sobre la "estrategia general", Robert es el que le hace "ver el futuro" y aprender "de los errores", Milton se encarga del "análisis político" y Murray, de la economía. No son las únicas presencias que percibe el libertario.

También mantiene diálogos con todos los economistas que inspiraron los nombres de sus perros, y con la filósofa Ayn Rand. Amigos de otra época, colegas profesores, y compañeros de ruta en la política tanto en la campaña de Espert como en la actual fueron testigos de cómo Milei "habla" con estos muertos. El economista, incluso en el transcurso de una conversación con una persona, puede quedarse callado o hasta pedir silencio, y rematar el incómodo momento con un "sí, hablé recién con Rothbard y me dijo que eso está bien". Rand y Rotbhard fueron quienes lo encomendaron meterse en la política, en algún momento de ese 2020 tan especial.

Pero era Conan, siempre Conan, el que se lo iba a confirmar. Él se convirtió en el "canal de luz" que, sentado al lado de Dios, le permitió "recibir información del UNO". Acá fue donde el perro empujó los límites de lo posible y lo aventuró "a lo imposible y más allá también", como escribió en la Introducción de uno de sus artículos económicos.

El detalle de la comunicación es poco claro, pero lo que es seguro es que de ese ida y vuelta el economista sacó la idea de "la misión". Eso fue algo que empezó a comentarle a sus allegados con cada vez mayor insistencia. Según creía, este trabajo divino incluía a varios de ellos. "Vos sos parte de 'la misión'. El UNO me dijo que tenés que venir conmigo", les decía a los que quería sumar a su aventura política.

Esa "misión" no era otra cosa que el plan que Dios le había encomendado. Que, como en un texto bíblico, tenía que luchar contra las fuerzas "del Maligno", como el socialismo. Y que para eso tenía un desafío clave. Tenía que llegar a ser Presidente. Dios y Conan así se lo demandaban.

9

Dios en el bolsillo

—Moisés era un gran líder, pero no sabía divulgar—, dice, y se le empieza a quebrar la voz y a mojar los ojos. —Entonces, Dios le mandó a Aaron para que divulgara. Kari es Moisés. Y yo soy el que divulga.

Milei termina la frase y se quiebra en llanto. Está, una vez más, en un estudio de televisión, pero muchas cosas cambiaron desde la época en la que se le trababan las palabras en *Hora Clave* o en la que hacía pasos de comedia con Fantino. Ahora tiene un espacio político que respalda su candidatura a presidente. Y, mientras las lágrimas caen por su cara, recibe la contención de Viviana Canosa.

Ella es su interlocutora preferida, el mismo lugar que antes ocupaba el conductor de América. Pero Canosa está más a tono con la nueva versión del economista. Si en su faceta de aparición y crecimiento mediático el libertario necesitaba alguien que pudiera dejarle las entrevistas servidas y que le tirara preguntas sencillas para que él pudiera lucirse, ahora el público (el votante) quiere más. Pide más.

Canosa es la compañera ideal. Toma dióxido de cloro desde una botella en el prime time, un líquido químico y peligroso que ella promociona como una supuesta cura contra el Covid, milita contra las vacunas y recomienda no usar barbijo en plena cuarentena, echa entrevistados por no compartir sus ideas, hace juicios millonarios contra los periodistas que la critican e insulta, cada vez que tiene un micrófono adelante, a todos los políticos del peronismo.

Como Milei, que trabajó para el sciolismo, para Bussi, y que fue empujado en los medios por uno de los empresarios más grandes del país, ella no tiene problemas en borrar con el codo lo que hizo con la mano. De la abierta campaña de Canosa a favor de Alberto Fernández en el 2019 ya no queda nada. En aquel año fue quien más veces lo entrevistó de todos los periodistas del país.

En cada nota con el futuro presidente Canosa procuraba mostrarlo como alguien canchero y capaz. "Amo a Dylan", "quiero decir a esta cámara que me escondieron la guitarra de Alberto, quiero que sepan que algo voy a hacer", "sé que me contestas desde el corazón", "la mayoría de los argentinos vamos a colaborar con todo lo que podamos", "entiendo cuando te la agarrás con una parte de la prensa que pregunta de manera ordinaria", "se nota que no te quedás con nada atragantado", "no sos políticamente correcto", "es muy importante aclarar que vos no tenés ninguna causa por corrupción y que sos el único de los candidatos que no está hecho con la plata", "en la foto tuya con la CGT parecía una competencia de panzas, salvo por vos que no tenés", "sos un romántico, me encanta", "¿qué canción me dedicarías?" le decía en las entrevistas, mientras sonreía con picardía y le festejaba cada ocurrencia con una risa exagerada.

Canosa también cubrió, por todo el país, aquella campaña. Fue a los actos del peronismo en Tucumán y de Rosario, desde donde dijo al aire que el evento era "impresionante" y luego posó para las selfies con varios referentes K. Uno de ellos era el periodista Ezequiel Guazzora, que el día de las elecciones generales, el 27 de octubre, la ayudaría a entrar al búnker del Frente de Todos en Chacarita. Desde la primera fila, y sonriente, ella vería cómo Alberto se convertía en presidente.

Aunque eso no sucedió hace tanto, la buena sintonía de la conductora con Fernández y el Frente de Todos quedó en el pasado. Ahora se pasa cada programa denostando al presidente y a todos los que lo rodean, con una virulencia explosiva. "La rebeldía hueca", titula la revista *Noticias* el fenómeno Canosa, un griterío que mezcla antipolítica con posiciones pseudocientíficas y que mide bien en el rating. Es un caso muy parecido al del libertario y hasta parecen tal para cual. Milei, no por casualidad, le ofreció más de una vez ser su compañera de fórmula.

Entre ellos hay química. Cuando la conductora lo entrevista, el libertario baja la guardia. Se sincera. Le habla del afecto por su hermana —"es un ángel, el ser más maravilloso del universo, casi que no es humana", debe haber 10 personas de su calibre espiritual en el mundo—, de Conan —"es el uno del universo"— de cómo recompuso la relación con sus padres, y también le demuestra cariño. "Te quiero mucho", le dice.

Con ella es que Milei cuenta algo que suele reservar para la intimidad. Es el paralelismo que hace entre Moisés, con su hermana y el de él mismo con Aarón, el hermano mayor de Moisés que difundía su palabra. Una curiosidad: en homenaje a esta figura, Karina le puso el nombre a su perro o, como lo llama el libertario, "su sobrino".

Estas referencias se inscriben en la larga serie de guiños religiosos que viene haciendo el economista desde que empezó a tener conversaciones con el "número uno".

Todos los que saben de esas charlas de Milei con Dios no piensan, ni por un segundo, que el diputado esté haciendo un chiste o usando una metáfora cuando se compara con las figuras bíblicas.

* * *

—Muchos liberales tienen, en la percepción objetivista, digamos, o sea, no tendrían pruebas para creer en Dios, por decirlo de alguna manera. En mi caso yo sí creo en Dios. O sea, y digamos, o sea… y desde mi punto de vista digamos he tenido pruebas de que existe. O sea, con lo cual, digamos, o sea, y es más, o sea, digamos, con lo cual… es lo que yo creo, es problema mío, ¡es mi creencia! Con lo cual, ¿quién es el otro para cuestionar mi creencia? Yo creo en lo que se me da la gana. O sea, ¿no existen pelotudos que creen en el Estado? ¡De hecho Dios es libertario! El universo es anarcocapitalista. ¿Sí? Porque si estuviera manejado por un estatista seguramente el universo ya hubiera desaparecido.

El que habla es Milei, en una entrevista del 2018 en la radio *El Mundo,* que se puede encontrar en internet. Las "pruebas de que existe" ya fueron narradas en este libro, aunque no deja de ser llamativo cómo en esa nota el economista se traba como nunca después de haber mencionado que tenía la certeza empírica de Dios.

Como ya se contó, la verdad sobre su relación con el "número UNO" es un tema que Milei no admite porque, en sus palabras, "dirían que estoy loco". El libertario es astuto y sabe dónde poner el freno. Quizás por eso es que se traba —"o sea, con lo cual, digamos, o sea, y es más, o sea, digamos, con lo cual"— después de la confesión. ¿Se le habrá escapado?

—¿Nos morimos y qué pasa?—, le preguntó el periodista Luis Novaresio en uno de sus programas.
—Vamos a encontrarnos con el uno, si hicimos las cosas bien.
—¿El uno existe?
—Sí, el uno existe, sí.
—¿Cómo un tipo tan pragmático como vos cree en algo incomprobable?
—Eso en tu caso. A mí me han pasado cosas muy fuertes, que exceden a toda explicación científica.

Charlas con el "uno" mediante, la religión fue ocupando un lugar cada vez mayor en la mente de Milei. De hecho, en el rodaje de *Pandenomics*, a fines del 2020, sucedió algo curioso. En ese documental, basado en su libro/plagio (ver capítulo "El rincón del vago"), Milei analiza críticamente la cuarentena y el accionar del gobierno. Pero en la última escena pasa algo llamativo, que en el guión jamás se explica y que a ninguno de los otros protagonistas parece llamarle la atención: Karina hace su entrada en el film con dos alas de un ángel en su espalda, y de esa manera transcurren los últimos minutos de la película. La propia hermana contó luego que ese fue un pedido especial que hizo el economista y que insistió mucho con el tema.

Esta presencia de lo religioso se coló también en el discurso de Milei. De hecho, sucede algo que no deja de ser sorprendente para alguien que se autopercibe libertario anarcocapitalista: no hay nadie con peso en la política argentina que le dé tanto lugar a Dios en su relato como Milei.

El economista hace un paralelo entre los textos bíblicos y su particular visión política. Para él, el Banco Central es "el maligno" y el Estado es "su invención". El socialismo "siempre va a funcionar mal" porque fue inventado "por el Diablo", y Larreta no es un contrincante político sino que es "el siniestro". Esto lo hace no solo en público, sino también en las reuniones privadas con su equipo de campaña. Su discurso religioso no es para nada impostado: Milei razona así. "Yo solo le temo a Dios", es una reflexión que suele compartir.

El libertario no solo se compara a sí mismo con figuras bíblicas, sino que también hace un paralelo entre los textos sagrados y sus acciones. "Cuando yo empecé a regalar mi dieta hice lo mismo que hizo Moisés cuando levantó los brazos y mandó la novena plaga a Egipto. De un lado el pueblo judío quedó iluminado y del otro los egipcios envueltos en la oscuridad", dijo, en referencia al sueldo de diputado que sortea. "La victoria en el combate no depende de la cantidad de las tropas, sino de la fuerza que viene del Cielo", es otra cita que suele usar en sus actos, que viene del primer libro de los Macabeos, del *Antiguo Testamento*.

El economista está embarcado en una búsqueda espiritual. De hecho, tuvo en ese sentido un giro que le llamó la atención a quienes lo conocieron de otra época. Es que a pesar de que es cristiano de formación, desde que se lanzó a la arena política empezó a contar que estudia *La Torá*, el texto sagrado del pueblo judío. Dice que está pensando en convertirse al judaísmo. Y que cuando deje la política y se jubile quiere pasar lo que le quede de vida profundizando esta lectura.

El que tiene mucho que ver en esta nueva aventura es el rabino Axel Wahnish. Él es integrante de la Comunidad Marroquí Judeo Argentina, y trabaja en un centro religioso en Palermo. Con Milei se conocieron de casualidad en la etapa del libertario como político, y desde entonces se ven una vez por quincena. También mantienen una comunicación cotidiana. El rabino, de hecho, le manda a diario pasajes de *La Torá* por Whatsapp para que estudie, y además le sugiere temas para reflexionar. En La Libertad Avanza algunos miran con recelo a Wahnish: sugieren que hace mucho más que solo pelotear temas religiosos y que más de una vez asesoró al diputado con asuntos de la campaña.

Milei también hace un espejo entre sus seguidores —"la gente de bien", la llama— y los elegidos en la tradición religiosa: los puros de espíritu. "Vine a despertar leones", dice el libertario. ¿Tendrá que ver con esta concepción de "líder mesiánico" la lógica de poder que Milei maneja hacia dentro de su espacio? Como ya se contó en este libro, cualquiera que tuviera espalda suficiente o voz propia fue corrido de La Libertad Avanza.

En este tipo de concepciones hay lugar para un solo "salvador". Y fue él, y nada más que él, el elegido para llevar a cabo "la misión".

* * *

El importante lugar que le da Milei a lo religioso no es un fenómeno único de Argentina: las nuevas derechas, en general, tienen vasos comunicantes con este mundo.

En agosto de 2019, el expresidente estadounidense Donald Trump aseguró que él era "el elegido" para enfrentarse a China en cuestiones comerciales. Buena parte de los votantes evangélicos blancos que apoyan al extravagante empresario también lo creyeron. En Chile el político José Antonio Kast, que rivalizó con Gabriel Boric en las últimas elecciones, es miembro del Movimiento Apostólico de Schoenstatt y fue apoyado durante su campaña por el partido político evangélico Unidos Por la Fe. Fiel a su estilo ultraconservador y religioso, Kast ha disparado contra el derecho al aborto y en contra de diversas reivindicaciones de la comunidad LGBTIQ. Caso similar el del expresidente brasileño Jair Bolsonaro, que mantiene posiciones parecidas en los mismos temas y es apoyado por buena parte del sector evangélico de Brasil. También va en esta línea Giorgia Meloni, primer ministra de Italia: "Sí a la universalidad de la Cruz, no a la violencia islamista, sí a nuestra civilización, y no a quienes quieren destruirla". Lo dijo en un acto de Vox, el partido nacionalista español, liderado por el católico Santiago Abascal y hombre de diálogo con Milei.

Pero el fenómeno incluso se ve en los youtubers e influencers que han surgido dentro de este movimiento. Agustín Laje y Nicolás Márquez, autores de libros como "El libro negro de la nueva izquierda", muy cercanos a Milei —fue del primero de quien copió el discurso de la "batalla cultural"—, tienen también un mensaje que apela fuertemente a defender la religión cristiana como un "valor de Occidente".

Este es un tema de debate entre los intelectuales, ya que hay una suposición histórica de entender al liberalismo como una ideología enfrentada al mundo religioso. Para Gabriel Zanotti, profesor y filósofo, no es verdad que liberalismo y religión sean elementos contrapuestos. De hecho, él pone de ejemplo el surgimiento del liberalismo en Estados Unidos, país que suele tomarse como una de las mecas de las ideas de la libertad. "La declaración de Independencia de 1776 y la Constitución de 1787 son documentos que están embebidos en fuentes judeo-cristianas, que afirman la ley natural y los derechos que le corresponden a la persona frente al poder político. Eso no tiene ninguna oposición con el catolicismo, el protestantismo o con el judaísmo", opina. El intelectual liberal, especialista en el estudio de la religión, sostiene que hay una "confluencia" entre conservadores religiosos y libertarios para combatir al "neomarxismo", sector al que la nueva derecha postula como enfrentando a la religión.

Felipe Schwember, filósofo chileno que se ha dedicado al estudio de este campo político, sostiene que parte del éxito de Milei tiene que ver con su condición de líder mesiánico.

—En esta derecha hay un componente mesiánico, que se relaciona con esta idea decadentista: estamos viviendo una época de decadencia, de crisis, del fin de los tiempos, profundamente oscura, donde hay poderes globales que se confabulan. Eso sirve de gancho para las creencias religiosas: introduce una perspectiva religiosa o cuasi religiosa, teológica, en la política. Entonces, en ese sentido, ellos entienden lo que hacen como una forma de cruzada contra una forma de corrupción o de pecado, que estaría encarnada en el progresismo o en últimos términos en el marxismo cultural. Las teorías políticas que tienen un componente mesiánico siempre son muy atractivas, a diferencia, por ejemplo, del liberalismo clásico, que es una teoría muy deslucida, modesta en comparación con el marxismo. La relación que tienen estos grupos con la ciencia es bastante ambivalente. Creen que la "ideología de género" es un problema que se produce porque la gente no "entiende la ciencia" o la "biología". Y la teoría queer y de género son más bien teorías morales que no dependen de lo que un biólogo nos pueda decir. Esa defensa de la ciencia tiene una concepción muy ingenua del objeto de la discusión, ellos subordinan la ciencia a sus intereses—, explica Schwember.

Valentina Verbal, máster en Historia por la Universidad de Chile y autora de *La derecha perdida*, dice que se puede constatar "empíricamente" la afinidad de esta nueva derecha con católicos y evangélicos. "Es una alianza antiliberal, conservadora y nacionalista. Por ejemplo, toda la promoción que han hecho Laje y Márquez de su libro ha sido, mayormente, en auditorios evangélicos, centros de estudios evangélicos, entidades evangélicas. Muy pocas veces fue en auditorios de universidades", sentencia.

Verbal considera que en esta nueva derecha se produce el fenómeno del "identitarismo". Si la izquierda, según ella, crea "derechos especiales" para distintos tipos de minorías la derecha intenta un "identitarismo a la inversa".

—Si la izquierda trata de "fragmentar" jurídicamente, de establecer diversos sistemas de justicia para cada una de las identidades, la derecha busca unir a las identidades que existen en favor de una macro identidad: de "Occidente" y la cultura occidental cristiana. Lo cual es un poco discutible, porque si bien es cierto que el cristianismo es uno de los componentes de la cultura occidental, no ha sido el único. La Ilustración, el Iluminismo, el Marxismo, el mismo liberalismo, los componentes religiosos y seculares, distintas ideologías políticas, eso también es Occidente. Es mucho más complejo que reducirlo todo a la identidad cristiana y católica—, opina.

Es posible que, tal vez, la aparición del fenómeno Milei en la política argentina venga a denunciar un hecho que la modernidad no estaba permitiendo ver: que lo político y lo mítico nunca se han divorciado del todo y que, cuando la crisis económica apremia y la política no trae respuestas, muchos quieren ver en un candidato a su propio Mesías, hecho en Argentina y con los pelos largos.

***

Milei tiene, sin embargo, una sorpresa más. En su caso, no está bajo la manga sino en su bolsillo. A quien lo quiera escuchar el diputado le cuenta que jamás sale de su casa sin ese pedazo de papel en su pantalón. Es un recorte de una página en blanco que tiene solo dos palabras. "El jefe".

Así es como el libertario se refiere a su hermana y, curiosamente, también a Dios. Dice que es por él que lleva esa hoja encima. Para no olvidarse que está ahí. Vigilándolo. Hablándole. Recordándole que tiene que cumplir una "misión".

10

Rugió la bestia

—Quiero decir algo muy importante. El nombre de este partido es glorioso. Es el Partido Libertario, el que quiere cambiar las cosas de verdad. El problema, el grave error del libertarismo a lo largo de su historia, es que perdió el rol del cambio radical. Y lo perdió porque se alió con el conservadurismo, se alió para disfrutar de las mieles del status quo y engendró el germen de su destrucción. Si ustedes creen en las ideas de la libertad el peor error que pueden cometer es hacer lo que hizo el liberalismo en Argentina en el pasado: aliarse con los conservadores. Así terminaron matando a las ideas de la libertad. Pero basta de esta perorata. Ahora quiero pedir un aplauso para el protagonista de esta noche, Javier Milei.

El que habla, el 23 de febrero de 2019, es Diego Giacomini. El Partido Libertario de la Capital Federal, que en ese momento tiene cuatro meses de antigüedad, le está entregando la presidencia honorífica a su mejor amigo. Este espacio está destinado a ocupar un lugar central en la historia del futuro diputado, aunque para eso todavía falta.

Para el día del evento, Giacomini y Milei llevan más de quince años de una intensa relación. Son socios en una consultora que crearon y publicaron tres libros. Pero no son solo compañeros de trabajo: son inseparables. Van juntos a los canales de televisión, a los eventos, a las charlas, a comer, a vivir. Hasta compartieron techo durante más de un año, en 2004. Parecen Batman y Robin, y hasta se presentan a ellos mismos como "el dúo dinámico de la economía". Los que los tratan, en aquella época, no imaginan a uno sin el otro.

Diego es más que el compañero de ruta para Javier: más allá de su hermana es el único vínculo profundo que tiene. Es la única amistad real que tuvo en toda su vida, y en un sentido lo admira. De su mano Milei conoció cosas tan elementales como tener un grupo con el que salir y con el que ir a comer o a pasear. Eran los amigos de Giacomini quien se los presentó. Durante varios años todos ellos conformaron una entretenida camarilla.

Pero no solo le hizo conocer personas. Diego, que tiene más trayectoria profesional encima, fue el sherpa del libertario en varios mundos. Lo ayudó a publicar artículos y a conseguir trabajo en universidades. No era una tarea sencilla: en la etapa previa a su fama las rabietas del economista de pelos largos no causaban tanta gracia. Mantener un empleo no era fácil para el Milei treintañero. De hecho, algunas fuentes afirman que lo ayudó con dinero.

Giacomini fue también quien, a lo largo de los años, le marcó el camino hacia el libertarismo. Mediante charlas y recomendaciones le abrió la cabeza en cuanto a lo ideológico, profundizando la veta más radical de su pensamiento. "Era un neoclásico recalcitrante", suele decir Milei sobre su pasado, que de la mano de su amigo viró hacia el anarcocapitalismo. También le hizo conocer a varias eminencias de ese mundo.

La entronización de Javier en ese puesto decorativo del Partido Libertario es el clímax del proceso que comenzó gracias a su compañero. Por eso, como un gesto de cariño, el egresado del Copello le pidió esa noche que lo presentara.

Ninguno de los dos imaginaba, en aquel momento, que el final de esa larga amistad estaba tan cerca.

* * *

La ruptura de Giacomini y Milei sucedió sobre el final del 2020. Fue tan terrible y dolorosa para ambos que ninguno de los dos dio jamás ninguna precisión sobre el tema. El primero, de hecho, se negó en varias oportunidades a hablar para este libro.

Hay que entender que, si bien Giacomini no grita ni patalea, es un libertario anarcocapitalista muy extremista. Vive para esa causa, a la que le dedica tiempo y esfuerzo desde hace décadas. Sueña con ver al Estado desaparecer y se desgañita en cada charla intentado explicar por qué ese mundo sería el mejor de todos los posibles.

Giacomini es, de hecho, bastante más radical que el líder de La Libertad Avanza. Tanto que no pudo superar lo que en aquella tarde pandémica le contó su socio. No se lo pudo perdonar.

En el mundo liberal cuentan que la pelea fue una sorpresa total, y que terminó con una relación que hasta entonces no había tenido saltos ni altibajos. Dicen que ese día, mientras pasaba la cuarentena en lo de sus padres, Milei lo citó a Vicente López. Y que, de entre todas las cosas que se pueden decir, dijo la única que su amigo no podía dejar pasar. Le dijo algo que venía planeando hace un tiempo, algo que había empezado a tramar desde el cuarto paterno gracias a su conexión mística, pero que hasta entonces no se había atrevido a confesárselo a quien era su sombra.

Le habló de su decisión de aliarse con Espert. De su salto a la política.

El economista calvo era alguien a quien ambos detestaban. Alguien a quien habían pasado noches enteras insultando, porque pensaban que prostituía a la causa liberal por su propio beneficio material. Alguien a quien, como firmaron juntos en un comunicado de marzo de 2019, habían decidido no apoyar en su aventura presidencial porque tenía "ideas contrarias a la libertad".

El final estaba cantado. De hecho, Giacomini lo había dicho en aquel evento del Partido Libertario: aliarse con "conservadores" —y para él Espert entraba en ese grupo— era la máxima afrenta que se le puede hacer al libertarismo. Según su óptica, su amigo estaba colaborando a "matar a las ideas de la libertad", algo que para Giacomini era casi como intentar matarlo a él. Era un ataque directo a una causa que ama tanto que si lo hacen elegir entre ella y una amistad, por más profunda que sea, no tiene que pensarlo demasiado.

Los detalles de esa charla son desconocidos. Los que hablaron con alguno de los dos por aquellos días dicen que fue una pelea demoledora. A tal punto que "el dúo dinámico de la economía" jamás volvió a dirigirse ni una palabra.

En aquella tarde del 2020, encerrado por la cuarentena, sin las sesiones de terapia y cuando sus charlas con el "Uno" se estaban empezando a profundizar, el libertario perdió al único amigo real que alguna vez tuvo. Perdió a la única persona que lo podía bajar a tierra.

Desde entonces Milei no sería igual.

* * *

Hay una anécdota que el economista contó una decena de veces, no solo en confianza sino en algunas ocasiones, incluso en eventos y sets de televisión. Es sobre el día en que rompió relaciones con Espert.

Fue a mediados del 2021, poco antes de su formal debut político. Para ese momento la relación Milei–Espert estaba explotada.

Las primeras chispas habían aparecido en el verano, cuando salieron a caminar juntos en la costa bonaerense, la provincia en la que el economista calvo iba a competir. Aquello había sido toda una proeza. No solo por la animadversión que ellos dos siempre se tuvieron, sino porque el libertario detesta el calor y el sol y se irritaba con esos paseos por la rambla que lo hacían transpirar.

Con el diario del lunes es hasta casi divertido repasar esos meses donde mantuvieron la ficción de que eran mejores amigos unidos en una causa común: uno iba a competir en Buenos Aires y otro en la Capital Federal, una dupla que se presentaba en conjunto ante la sociedad bajo la bandera de hacer crecer "las ideas de la libertad". "El profe", lo llamaba Milei con un cariño impostado, y el otro devolvía las falsas gentilezas destacando la falta que hacía "gente como Javier" en la política.

Tiempo después apenas si se dirigían la palabra. La última vez que hablaron fue en una reunión mano a mano. Según el relato de Milei, cuando Espert llegó estaba agitado y traía una valija: eran 300 mil dólares, a cambio de que aceptara bajar su candidatura a diputado. De acuerdo a la versión del libertario, su viejo aliado lo quería convencer de correrse de la contienda porque había crecido demasiado en las encuestas, y le estaba empezando a sacar votos a la lista del PRO en la Capital Federal. "El profe" había hecho una alianza táctica con Larreta en el 2019, y Milei veía la mano del "siniestro", como llama al intendente porteño, atrás de esa fortuna. Si esta versión fuera real, ¿habrá pensando en ese instante, mirando a la valija abierta de par en par, en Giacomini? ¿En lo que le dijo su mejor amigo sobre el político con el que se había aliado?

—Estaba la plata arriba de la mesa. Y ves los miles de dólares ahí y tenés que decidir. Querían que me corra —le contó a Fantino en una entrevista a fines del 2022, aunque sin mencionar ni quién ni cómo ni cuándo.

Cerca de Espert, en cambio, tienen una versión mucho más llana. Dicen que Milei tenía problemas de liquidez cuando accedió a sumarse al frente a finales del 2020. Que, de hecho, una de sus condiciones para aceptar el convite era el dinero y que cada algunas semanas se lo hacían llegar. Y que era exactamente eso lo que estaba haciendo Espert en esa reunión: llevándole su pago, aunque aseguran que era mucho menor que la cifra que dice el ahora enemigo íntimo.

También sostienen que de este encuentro Milei inventó una película que encastraba perfecto con lo que, piensan en este lado de la grieta liberal, el anarcocapitalista quiso hacer desde el minuto cero: usar los conocimientos y los contactos de Espert en la política para dar sus primeros pasos en este mundo. Subirse a la figura de quien ya había sido candidato presidencial para luego abandonarlo, una traición que habría estado planeada a sangre fría.

Es difícil saber quién dice la verdad. Lo que está claro es que era una sociedad política que estaba destinada al fracaso. Los recelos que ya se tenían de su etapa de economistas que competían por minutos de aire solo podían crecer a la hora de competir por la atención de los votantes. Sin embargo, hay algo en lo que ambos coinciden: la relación entre ambos explotó en esa última reunión.

Desde entonces, cada campaña tomaría su propio rumbo. Milei soltaría amarras, emprendería su camino y haría correr esta historia. Esa última reunión sería el nacimiento real de La Libertad Avanza.

Desde entonces, los seguidores del libertario le dedican canciones de cancha a "Calaca" Espert en cada acto.

—Che Calaca botón, che Calaca botón, te vendiste a Sombrilla la puta madre que te parió—, entonan, con el apodo que le dieron a Larreta.

* * *

29 de agosto del 2021. Mientras camina por San Juan y Boedo, Javier Milei cuenta que el cálculo que hace para entender el alcance del fenómeno es en metros.

El candidato a diputado es una sensación en el barrio que vio nacer al club del Papa Francisco. Mozos, kioskeras, policías, y decenas de transeúntes se paran para saludarlo, para pedirle una selfie, para tocarlo. Las doscientas personas que se convocaron mediante las redes para apoyar al economista —en su mayoría jóvenes y en su mayoría hombres— están en la misma sintonía. Y a todo lo que está pasando Milei, fiel a su formación, lo explica en números.

—En el 2017, antes de la televisión, podía caminar tranquilo por la calle. Ahora tardo 40 minutos en hacer dos cuadras — me dice.

El evento dura dos horas. Están entre la muchedumbre las figuras centrales de su armado: los influencers Emmanuel Dannan y Carlos Maslatón, el financista Ramiro Marra, la karateka Lucía Montenegro, el armador Marcos Urtubey, el presidente del Partido Libertario de Capital Nicolás Emma, y Rebeca Fleitas, otra dirigente de ese espacio, la cospleyer Lilia Lemoine, la defensora de genocidas, Victoria Villarruel y otros más. El grueso de ellos, tiempo después, recibiría siempre la misma negativa cuando consultaran sobre la posibilidad de hablar con este periodista.

La nota con Milei, una tapa para la revista *Noticias*, estaba pactada para los días previos. Iba a ser durante una recorrida por San Telmo. Pero el candidato a diputado, cuando ya era la hora de la caminata, me llamó al celular. Se había accidentado su padre, un mal movimiento que hizo cambiando una rueda del auto que le había provocado una seria lesión en la cintura. Tenía que acompañarlo al hospital —para ésta época la familia se llevaba más que bien— y había que postergar la entrevista. Villarruel, que venía acumulando varias broncas durante la campaña, estuvo a punto de tirar su celular al piso cuando se enteró de la cancelación sobre la hora.

La cita se mudó, entonces, al barrio de Boedo.

Pero la charla acá también es imposible. Toda la muchedumbre se le tira encima y el hombre anda con los tiempos justos. Cuando termina el acto tiene para tres minutos de charla antes de que se tome un taxi. Desde ahí, detrás de un barbijo y con una mano sobre la puerta del auto, me cuenta ese cálculo que explica mejor el crecimiento de la nueva derecha que decenas de libros y de análisis periodísticos. Esa sería, además, la última vez que hablaría frente a frente con Milei.

De ese evento tres cosas iban a quedar claras. La primera: era verdad que el libertario, al que durante la caminata detuvieron una centena de veces para felicitarlo o para pedirle una foto, tardaba 40 minutos o más en hacer dos cuadras.

La segunda era que había una juventud liberal que había salido del closet y que se sentía empoderada como nunca. De eso podían dar fe los policías que tuvieron que separar a un militante kirchnerista, que estaba repartiendo volantes en la calle, de un chico de campera de jean que le había gritado en plena caminata. El joven, con la valentía que daba el calor de la muchedumbre, lo había prepoteado sin mediar provocación. "Frente de chorros, zurdo, se les termina el curro", le había dicho al peronista cuando pasaba. El asunto habría escalado si no hubiera sido por la intervención de los efectivos.

Pero la tercera era la más importante de todas las certezas que quedaron después de la recorrida. Como demostraba la convocatoria —pequeña comparada al lanzamiento de campaña en Plaza Holanda, el sábado 7 de agosto, al que habían ido cinco mil personas y al que el hijo de Bolsonaro había felicitado en Twitter—, Milei había llegado para quedarse.

Era la confirmación de que había dejado de ser el economista gritón de la televisión o el que inundaba de memes las redes con sus excentricidades: ahora era el líder de una alianza variopinta de libertarios, conservadores, pañuelos celestes, nacionalistas duros —y que también incluía a defensores de genocidas y a carapintadas—, un movimiento populoso que crecía al calor de la cantilena de destruir el "gasto social" en temas como la salud y la educación pública, y que tenía una base aún más radicalizada que sus dirigentes.

Tres meses después de la recorrida en Boedo La Libertad Avanza iba a conseguir el 17% de los votos, dos bancas en la Cámara de Diputados de la Nación y cinco en la Legislatura porteña. El ritmo de la política argentina estaba por cambiar, aunque el círculo rojo todavía parecía no darse cuenta. Estaban por empezar a bailar al compás de Javier Milei.

* * *

¿Cómo hace alguien que nunca hizo política para hacer política? ¿Cómo hace un outsider para encabezar una lista en una elección en Argentina?

Hay dos maneras. Una es evidente: armar un partido y presentarse, como dijo alguna vez Cristina Kirchner. Es esta la opción más lógica, la que asegura tener una plataforma propia desde la cual competir. Es también la alternativa que puede contener a un núcleo militante leal y predispuesto a caminar las calles, pegar carteles, distribuir flyers, hablar con los vecinos y fiscalizar cuando llega la hora de contar los votos, que a fin de cuentas es lo que más importa.

Se podría decir que es la mejor elección para quien pretenda ser un líder de masas, aunque tiene una desventaja: toma tiempo y, sobre todo, mucho trabajo. Para que la Justicia electoral reconozca a un partido como válido se exigen desde 581 afiliaciones en Tierra del Fuego a 4000 en provincias como Buenos Aires, Capital Federal, Salta, Córdoba o Mendoza. También se necesita contactos, abogados que conozcan del paño, y la paciencia suficiente para afrontar un largo tramiterío, que suele incluir el toma y daca típico de la política.

Se necesitan ganas. Eso era, precisamente, lo que no le faltaba al Partido Libertario.

Este espacio nació a fines de 2018, cuando el gobierno macrista empezaba a languidecer. Lo armaron jóvenes que soñaban con un país con menos impuestos y menos Estado y que se habían desilusionado con la promesa de Cambiemos de poder cumplir estas consignas. Ellos seguían, además, la figura televisiva de Milei, a quien solo conocían de la pantalla. Pensaban que este, si lo lograban convencer, podía ocupar un vacío que tenían: el armado estaba creciendo, pero no se veía en el horizonte ninguna figura carismática que pudiera ser algún día un candidato. Y tampoco sobraban los libertarios conocidos en este país.

Desde el minuto cero pensaron en tentar a Milei para que en el futuro los representara. La presidencia honorifica que le dio el PL Capital —cada distrito cuenta con completa autonomía— fue parte de ese proceso, seducirlo para que aceptara llevar su bandera. Pero en 2019 —año en que el partido apareció también en Córdoba y en Buenos Aires— el economista no quiso competir. Todavía no había llegado su momento.

Para cuando el mediático decidiera dar el salto a la política el partido también estaría presente en Santa Fe (con militantes como Gastón), Tierra del Fuego y San Juan. Para 2022 el Libertario tendría una "junta organizadora", como llama la Justicia electoral al paso previo a reconocer a un partido político formal, en 18 provincias.

El PL es, al día de hoy, desconocido para el gran público. Es chico comparado a otros como La Cámpora o la UCR: según los últimos datos de la Cámara Nacional Electoral tiene 3868 afiliados en Córdoba y 2319 en San Juan, por citar algunas provincias. Pero, a pesar de su tamaño, ocupa un lugar importante en esta historia. Tiene un rol central para entender la aventura de Milei.

Es que, a pesar de tener esta herramienta a mano, de tener a disposición el espacio militante que ya lo había entronizado como su líder, el economista hizo algo impensado. En cambio de ir con ellos y de impulsar un partido propio, tomó el otro camino. Es el que lleva derecho a los lugares más oscuros de la política argentina.

Fue en esta curva inesperada donde lo que había de novedoso dentro de La Libertad Avanza empezaría a crujir.

* * *

El promedio de los militantes del Partido Libertario son como el santafesino Gastón: jóvenes, empleados en relación de dependencia, salidos de familias que siempre la tuvieron que pelear.

Mario Russo no encaja del todo en ese perfil. Él es un profesional de la política, un consultor bahiense de 42 años que viene desempeñándose en campañas electorales desde 2007. Trabajó para distintos intendentes bonaerenses del kirchnerismo, para diputados provinciales de Cambiemos, y también participó de la aventura política del empresario Francisco de Narváez. En 2015 estuvo en el equipo de Marcos Peña y de Jaime Durán Barba, el que lograría llevar a Macri a la Casa Rosada. El ecuatoriano, a quien admira, es para Russo el modelo de consultor a seguir.

En marzo de 2021 el bahiense tuvo una reunión con Milei. Con un pizarrón y un marcador lo convenció de que tenía que ser él y no otro su estratega. Ahí arrancó una relación que sería clave para la profesionalización del libertario y de su espacio. Russo fue quien comandó una campaña en la que nadie tenía experiencia electoral, salvo por Marra, que en 2019 había competido por la lista del peronista Roberto Lavagna, por Maslatón, que había sido concejal porteño a fines de los 80, y por Marcos Urtubey, que desde pequeño había mamado política en el hogar.

El consultor, entre otros aportes, fue quien introdujo el concepto de "la casta", que había sacado del Movimiento 5 Estrellas de Italia, quien comandó la creación de los sloganes "ellos contra nosotros"—, de los spots, de la estrategia en las redes, de los lugares para hacer las recorridas y los actos, y quien se encargaba de armar encuestas e interpretarlas. Fue el guía de Milei en sus primeros pasos en la política, el lazarillo que lo ayudó en un mundo que desconocía por completo, el que lo convenció de que había que apostar por el votante de entre 16 a 28 años. Fue, también, una especie de psicólogo suyo y del espacio, que no entendía las formas y los tiempos de la política y solía terminar enfrascado en insólitos debates y largas discusiones.

Exagerando la comparación, se podría decir que Russo fue el padre de toda La Libertad Avanza, el que desactivaba las peleas domésticas y el que marcaba el rumbo a seguir. Entre todas las piezas que conforman el rompecabezas que explican el éxito electoral de Milei, el estratega es una elemental: sin su aporte el recién nacido espacio hubiera chocado de frente ante el primer contratiempo. Fue la columna vertebral sobre la que se montó el libertario para lograr el 17% de los votos.

De hecho, fue tan importante para el economista que algunas noches, cuentan en el espacio, en las que terminaban muy tarde en algún canal de televisión, Milei invitaba a dormir a Russo a la casa de sus padres en Vicente López, como si fuera el pijama party entre compañeros que nunca tuvo de niño. O como si quisiera llenar el hueco que la pelea con su mejor amigo le había dejado.

Había algo que el consultor tuvo en claro desde la primera reunión, e incluso desde antes. Algo que le repitió a Milei a lo largo de toda la campaña. Era el camino a seguir.

—Javier, vos necesitás al pibe que en 2023 te va a militar en un pueblito de diez habitantes por más que vayas a sacar un solo voto. Necesitás al convencido, el que no te va a abandonar, el que no te va a cagar. Necesitás al Partido Libertario. Así hicieron Marcos y Jaime con el PRO en 2015 para ganar: necesitas al partido propio, al militante propio que te va a cuidar los votos el día de la elección—, es algo que le escucharon decir una decena de veces.

Está claro que esta idea no se puede achacar a la vocación libertaria de Russo. El hombre, de hecho, se define como bilardista —"el tipo de locura de Javier es como la de Bilardo", dijo en una entrevista con el periodista Julián Maradeo— y es la búsqueda de resultados lo que guía su accionar profesional. No toma el camino que más le gusta, sino el que más le conviene, igual que hacía el histórico entrenador.

El consultor tenía en claro cuál era la opción más provechosa para Milei. Su construcción a futuro tenía que asentarse sobre el trabajo territorial y político que venía haciendo el Partido Libertario en todo el país.

Era una apuesta que, además, había empezado a dar sus frutos en la campaña. En los actos más grandes de 2021 fue el PL el que puso, con su propio esfuerzo y de su propio bolsillo, el grueso de los militantes. En el primero, el del 5 de agosto en Plaza Holanda —un mes antes del arrollador éxito en la PASO— su aporte fue trascendental. Sin ellos el debut formal de Milei como protagonista de un evento político habría quedado trunco, y la plaza semivacía. Tan es así que el libro del economista, *El camino del libertario*, lleva de portada una foto de aquel día inaugural: las únicas bandera que se ven entre el público son las de este partido.

Entre otros, Russo usó este argumento ante Milei cuando decidió correrse del armado. Fue en algún momento de 2022, cuando la campaña nacional del libertario ya estaba en franca expansión. Para ese momento el espacio ya había sido colonizado por personas a quienes no había estado el año anterior y que poco tenían que ver con las "ideas de la libertad".

Cuando el estratega vio que el Partido Libertario, la mejor opción y la más lógica, estaba siendo corrido de la estrategia y que en cambio se empezaba a cerrar acuerdos con dirigentes de muy larga data en la política, Russo juntó sus cosas y se fue. Así dejaba La Libertad Avanza el padre de la criatura.

El espacio estaba por cambiar de rostro.

11
2021

Es verdad que algunas prácticas que se acentuaron luego de la salida de Russo ya estaban presentes desde antes. Habían sido una parte elemental del lanzamiento político de Milei.

Una de ellas es el arreglo con "sellos de goma". Así se conoce en la política a los partidos que no tienen militantes, territorio ni base pero que tienen el aval formal para poder competir en las elecciones. Son fachadas, un pedazo de papel legitimado por la Justicia electoral, pero que ocupan un lugar central en la desteñida arquitectura del sistema democrático argentino: son cotos de caza de outsiders que nunca hicieron política, un negocio rentable que precede por mucho a fenómenos como Milei y que recibe millones de pesos de parte del Estado en cada elección. Son lugares a los que consultores como Russo prefieren no ir, porque saben que este es un terreno en el que no existe la ideología y mucho menos la buena voluntad o los favores. Con los "sellos de goma" el pago es siempre al contado.

Aunque hay muchos ejemplos, el que mejor personifica el estereotipo del dueño de un sello de goma, de quien piensa a la política como un negocio como podría ser un kiosko o una hamburguesería, es José Bonacci.

—¿De qué vivo? Tengo una FM, una AM, una remisería y un partido político—, suele explicar.

Bonacci es un santafesino de 55 años que se define como "un buen burócrata, no un buen político" y que controla Unite, un partido que está disponible para cualquier outsider que tenga una buena oferta entre manos. Desde ahí se candidatearon, en los últimos años, José Luis Espert, Amalia Granata, la modelo Cinthia Fernández, la boxeadora Alejandra "Locomotora" Olivera, y el exfutbolista Alberto "Conejo" Tarantini, entre tantos otros.

En su provincia lo conocen como un histórico busca de la política. "Bonacci encontró en las elecciones un nicho rentable, juega al borde pero dentro del reglamento y aprovecha los puntos débiles de la legislación electoral", dice un perfil que hicieron sobre él en el diario La Capital de Rosario, ciudad de la que fue concejal de 2001 a 2005.

En este suelo es muy conocido. Fue el discípulo de Aldo Rico a mediados de los 90, época en la cual el carapintada atravesaba sus quince minutos de fama electoral y hasta llegaría a ser intendente de San Miguel en Buenos Aires.

Bonacci llegó al militar a través de su esposa, Beatriz Ana Brouwer, una enfermera militar que también participó del levantamiento antidemocrático en Campo de Mayo. Y el autor de la frase "los soldados no dudan, la duda es una jactancia de los intelectuales" le devolvió la confianza: en aquella década de la pizza con champagne lo nombraría al frente de su partido, el Movimiento por la Dignidad y la Independencia, en Santa Fe.

Pero cuando Rico empezó a languidecer Bonacci cortó amarras y tomó el control. En 2010 le cambió el nombre al MODIN en su provincia, y lo convirtió en Del Campo Popular. Desde ese partido tendría su primer y gran éxito: en 2013 se candidateó usando el slogan "esta democracia no sirve", frase que se convirtió en un meme viral que diez años después todavía se usa.

Aunque Bonacci es más famoso como objeto de burla de las redes, su carrera política tiene varias paradas interesantes. Por ejemplo, si se lo busca en Google lo primero que aparece es una foto de él sonriente junto a un ejemplar del libro de Adolf Hitler, *Mein Kampf* (*Mi lucha*). En una búsqueda un poco más minuciosa se lo puede ver con una remera del Imperio Romano abrazando al filonazi Alejandro Biondini, socio en varias elecciones, y a quien en 2009 defendió públicamente cuando la Corte Suprema no lo dejó competir en esas elecciones por considerarlo nazi.

Biondini solía abrirle a Bonacci las páginas de su periódico *Bandera vecinal*, que se llama igual que su partido. "Los que la tenían clara eran Rosas y Perón", dice el santafesino en uno de sus artículos en el diario del filonazi, una reflexión que lo deja algo lejos del ideario libertario. De hecho, en Rosario se lo suele asociar a los admiradores de Hitler más que a los economistas que lee Milei. Una mañana de 2001, por poner un ejemplo, esa ciudad amaneció llena de esvásticas en sus paredes y *La Capital* lo fue a entrevistar para ver si sabía algo. En esa nota Bonacci negó cualquier participación, aunque admitió que la mayoría de "neonazis" de la zona lo iban a buscar para sumarse a su espacio. "Ya casi todos los rechazamos", dijo, en una defensa bastante insólita.

El dueño de Unite, que se jacta de "burlarse de las leyes que no son buenas" —como dijo en una entrevista al sitio *Letra P*— suele defenderse de las acusaciones con una misma cantilena: "Jamás le cobramos un peso a un candidato". Aunque está claro que Bonacci no es ningún ángel, quizás esta afirmación sea cierta.

Es que muchas veces el negocio con los sellos de goma no es cobrarle al outsider que necesita la plataforma, sino que se da en las posibilidades que se abren cuando se tiene a un candidato taquillero en la boleta.

La Justicia electoral, por ejemplo, viene siguiendo de cerca a Bonacci. En 2011 lo imputaron por supuestas afiliaciones falsas a su partido. En 2014, 2017 y 2021 lo investigaron en tres causas distintas pero por el mismo motivo: "Violación de normas de financiamiento partidario", una manera elegante de decir que los balances financieros que presentó el espacio no cerraban.

En las causas de 2014 y 2017 el final fue el mismo. La Justicia comprobó las fallas en los balances, y Bonacci logró cerrar las denuncias mediante un "acuerdo": en la primera donó, como forma de compensación, $100.000 a una ONG llamada Asociación Vecinal Tío Rolo, con domicilio en Avellaneda 6600 en Rosario, que depende de Carlos Alberto Bertín. En la de 2017 envió el mismo monto a la Fundación Argentina OncoHematológica Pediátrica, otra ONG domiciliada en la calle Virasoro 870 de Rosario, que depende de Gabriela Moroni. La de 2021 (expediente 000690/2023) está abierta al cierre de este libro, aunque en primera instancia el juez federal Reinaldo Rodríguez comprobó la falta de criterio en los balances y dictaminó lo siguiente. "Imponer una multa equivalente a la pérdida del 20% de los aportes públicos para desenvolvimiento institucional del año siguiente a su determinación y declarar la pérdida del derecho a recibir contribuciones, subsidios y los fondos para financiamiento público anual por un año".

De este laberinto judicial se pueden sacar una de dos conclusiones: o Bonacci es muy distraído a la hora de hacer las cuentas o el negocio sigue siendo muy provechoso aún a costa de presentar balances que no cierran y de tener que abonar un pago como castigo. Hay que tener en cuenta que en 2017 su partido recibió de parte del Estado $1.271.850 para la campaña, y en 2021 $3.682.138,25. En ambas aventuras, de manera más que curiosa, Unite gastó el 100% de los fondos en impresión de boletas, tal como figura en su rendición de cuentas ante la Cámara Electoral. Ni un solo peso se fue en la larga variedad de gastos que puede tener una campaña.

Pero lo más llamativo de toda esta historia no es el derrotero de un discípulo de Rico y amigo de Biondini que se beneficia de las oscuras grietas del sistema electoral. Lo más llamativo es que este mercader de la política haya terminado aliado con el candidato que dice venir a barrer a todo lo rancio de la "la casta".

—Creí haber encontrado un líder en Rico. En algunos aspectos lo encontré, porque aprendí mucho, pero no era un líder. Hace 40 años que vengo buscando un jefe. Ahora sí lo encontré: es Milei. Yo soy mileista de primera hora. Javier plantea que hay que discutir absolutamente todo. Así que si vamos a tener un Ministerio (el de Género) para el 0,12% de los argentinos, hagamos un Ministerio para Biondini, que tiene el 0,64% de los votos. La democracia se terminó convirtiendo en un gerenciador de minorías y las grandes mayorías están siendo absolutamente ignoradas—, dijo Bonacci en una entrevista al sitio *El Ciudadano*.

Unite fue uno de los tres partidos que conformaron el frente de Milei en 2021. Para el libertario le supuso tener una plataforma desde la cual poder competir, y para Bonacci fue otro negocio que le resultó más que bien.

En las PASO de 2021 La Libertad Avanza, con el dinero que le dio el Estado como financiamiento, le pagó a Comunidad Solidaria Libertad, la asociación civil del santafesino, $235.000 en concepto de "servicio de audio y video". Es como si Cristina Kirchner contratara, con la plata de los impuestos de los ciudadanos, a una empresa del "Cuervo" Larroque para uno de sus actos, o si Mauricio Macri adquiriera los servicios de una compañía de Patricia Bullrich. Con un agravante adicional desde la concepción de Milei: como marca el acta constitutiva que presentó el partido del libertario ante la Justicia electoral, Unite fue quien controló el 50% de los fondos de los aportes públicos a la campaña. Es decir que Bonacci estuvo de los dos lados del mostrador.

Pero el santafesino ganó algo mucho más importante, algo que probablemente nunca hubiera soñado. A cambio de "prestar" el sello, Milei le "regaló" el segundo lugar en la lista de legisladores porteños y le dio lugar dentro de un armado que crecía. Hay que entender que para los mercaderes de los sellos la política es algo que empieza y termina en cada elección. Luego de que se cierran las urnas nadie los quiere cerca, como si fueran un fantasma de navidades pasadas.

Pero Milei abrazó a Bonacci, y lo incluyó en el esquema. El santafesino le dio su espacio en la boleta a Lucía Montenegro, una joven karateka que, con trabajo y dedicación, se ganó su lugar dentro de La Libertad Avanza.

Ella viene de una familia con estirpe en el mundo ultraconservador. Su padre, Antonio, fue el profesor de artes marciales del carapintada Mohamed Alí Seineldín, que luego se convirtió en su íntimo amigo. "El único defecto de Seineldín fue haber sido demasiado grande para un mundo tan pequeño", dijo sobre el líder del movimiento antidemocrático.

La relación entre los Montenegro y Bonacci está cruzada por los claroscuros del sistema electoral. Es que Antonio controlaba Acción Ciudadana, un partido porteño desde el cual compitieron una larga variedad de candidatos. Entre ellos, en 2005, estaban el hijo y la esposa de Biondini. Otra vez aparece en la constelación libertaria el apellido del filonazi más famoso del país, aunque no sería la última: Lucía Montenegro, apenas asumió como legisladora porteña, contrató de asesor a Ricardo Yebra Díaz, un histórico de Bandera Vecinal y mano derecha de Biondini.

—¿Este es el partido nazi de Biondini? Usan la azul y blanca, cantan el himno, no se encapuchan, no tiran bombas ni usan palos, no cortan calles y van a elecciones democráticamente. Un horror—, dijo, con ironía, el asesor de Montenegro en una publicación de Facebook en el grupo Novedades del Frente Patriota.

Los arreglos con mercaderes de la política están en la misma génesis de La Libertad Avanza. Y la presencia de sectores de la extrema derecha también.

* * *

Con los sellos de goma hay un problema. Está inscripto en el ADN de quienes lo controlan: si la oferta es suficiente pueden traicionar, en el peor momento, a los candidatos con los que tenían un pacto.

Es exactamente eso lo que le pasó a Espert en 2019. Alberto Assef, titular de UNIR —un partido con personería nacional que había arreglado darle la plataforma al economista— se unió al PRO un día antes del cierre de listas. Miguel Ángel Pichetto, entonces candidato a vicepresidente de Macri, le ofreció a Assef un lugar en la lista de diputados, y el líder de ese sello de goma no lo dudó ni un instante. Espert se hubiera quedado sin poder competir en la elección, si no hubiera sido por, vueltas de la vida, el "auxilio" que le prestó Bonacci y su partido cuando más lo necesitaba.

Este ejemplo se ve que caló hondo entre los armadores de LLA y en la psicología paranoide de Milei. Por eso es que en 2021, para evitar una jugarreta sucia sobre la hora, no confiaron solo en Bonacci y en Unite para conformar su frente. También sumaron al Movimiento de Jubilados y Juventud, un partido que controla el abogado pichettista Rodrigo Balbuena y que viene compitiendo en la Ciudad desde los 90 con nulo éxito electoral, y al Movimiento de Integración y Desarrollo.

El caso del MID es interesante para analizar. Este histórico espacio que fundó el exmandatario Arturo Frondizi en los sesenta al día de hoy se desintegró hasta convertirse en un minúsculo partido que tiene personería en 13 provincias. En 2019 apoyó a nivel nacional a Cambiemos, y también a nivel distrital en Buenos Aires, CABA, Formosa, Neuquén y La Pampa. Dos años después el MID jugó con el PRO en Corrientes, Formosa, Jujuy, La Pampa, Tierra del Fuego y Buenos Aires.

Pero en 2021 en Capital iba a convertirse en la tercera pata del frente de Milei. A este partido lo manejan Edgardo Alifraco, dirigente de Boca en la era macrista —donde era el nexo entre la barrabrava y la dirigencia, e incluso llegó a ser procesado por la Justicia por asociación ilícita con los barrabravas Rafael y Fernando Di Zeo—, y el radical Oscar Zago.

Ellos son un dúo singular dentro del planeta del libertario. A diferencia del grueso del espacio, que aprovecha cada oportunidad que tiene para aparecer cerca del economista, a ninguno de los dos le gusta mostrar el rostro. No se los suele ver en casi ninguna recorrida, acto o evento. Son de perfil muy bajo, al punto de que —jura uno de los grandes armadores del economista— la negociación para que el MID le diera su apoyo a Milei fue muy corta.

—Yo no quiero plata, fama ni nada. Solo quiero un lugar para mí en la lista—, habría dicho el radical.

Zago buscaba volver a entrar a la Legislatura porteña. Tantas ganas tenía que a cambio del tercer lugar en la boleta su partido le dio la personería a Milei.

El hombre, radical desde pequeño, ya había estado en ese recinto. Su entonces amigo, Daniel Angelici (operador en la Justicia y expresidente de Boca), lo había empujado a una lista cuando la UCR acordó con el PRO. Zago fue legislador de 2005 a 2013 y de ahí otro acuerdo con el partido amarillo lo catapultó a la Defensoría del Pueblo en la Ciudad.

Con Angelici eran íntimos. "El Tano", de hecho, lo llevó de paseo por Miami y las islas Bahamas en 2014, y en 2011 lo invitó a él y su familia a un viaje todo pago por Disney. En ambas aventuras se sumó también Martín Ocampo, entonces Fiscal General de la

Ciudad y luego el ministro de seguridad porteño que renunció tras los incidentes del Boca River de 2018.

Con Angelici, sin embargo, la relación se cortó de cuajo en 2015. La versión oficial fue que se pelearon durante las primarias para definir al candidato del PRO para la Ciudad: el operador de la UCR apoyó a Larreta, mientras que Zago se fue con Gabriela Michetti. En el radicalismo porteño, sin embargo, corrió en aquel momento otra interpretación de los hechos. "A Oscar lo echaron porque estaba haciendo cosas raras, había pasado de la noche a la mañana a convertirse en un empresario hotelero", cuenta un dirigente de la UCR.

Es verdad que en 2020 Zago se sumó al directorio de una inmobiliaria, Castril SRL, que también se dedica al "alquiler y explotación de inmuebles para eventos y fiestas". Esta sería la tercer aventura empresarial del legislador: en 2016 conformó Jucaro Fruit SRL, una sociedad dedicada a la "venta al por mayor en comisión o consignación de frutas (incluye acopiadores y receptoras)" y en 2018 armó Bon Fruit SRL, que trabaja la "venta al por mayor de alimentos, bebidas y tabaco y el "empaque de frutas, legumbres y hortalizas frescas".

La trayectoria que lleva a Zago a LLA es curiosa. O zigzagueante. El hombre pasó de proponer el 24 de marzo de 2012 una declaración en la Legislatura que condenaba "el golpe más sangriento que viviera Argentina, que se cobró treinta mil vidas", a abstenerse del repudio a la dictadura en la sesión de 2021, cuando ya era legislador por el partido de Milei, alguien que niega a los treinta mil desaparecidos. Pasó de ser un histórico del radicalismo que propuso darle la ciudadanía ilustre al expresidente Alfonsín en 2008 a integrar el movimiento de quien dice que la UCR es "nefasta, una caterva de inútiles, los grandes responsables de la decadencia argentina".

Zago, de hecho, es un curioso caso de liberal converso, que en cambio de bajar impuestos los sube. En 2012 creó un proyecto que logró convertirse en ley (4.803), que obligaba a todos los porteros de edificios a tomar una capacitación anual que dictaba el SERACARH (Servicio de Resolución Adecuada de Conflictos para Trabajadores y Empleadores de Renta y Horizontal), una organización vinculada a SUTERH, el sindicato de encargados que controla

Víctor Santa María. El 2018, el último año que esta disposición estuvo vigente antes de ser derogada por Larreta, la "ley Zago" costaba $1600 —de aquella época— por cada portero, que pagaba el consorcio. Si se multiplica ese monto por los 51 mil trabajadores de edificio que había ese año la cuenta es abultada: $81 millones (U$S4 millones al tipo de cambio de ese momento) costó esa ley, solo en 2018, a los vecinos porteños.

Está claro que Zago quiere dejar su pasado de "casta", podría decir Milei, atrás. De hecho, hasta se abrió una nueva cuenta de Twitter (@OscarZago_D102) cuando se sumó al armado del libertario. Tiene sentido: la anterior (@Oscar_Zago) está repleta de elogios a figuras del PRO como Vidal y Michetti, y en esa biografía se define como "Propulsor del Cambio PRO y radical".

* * *

Así se fue conformando la primera lista de La Libertad Avanza, el primer paso formal del camino que llevaría a Milei a competir por la presidencia. No se privilegió el mérito, la trayectoria política, la capacidad de juntar militantes o votos, el carisma o ningún otro de los elementos por los cuales se suelen conformar las boletas en la democracia. Se repartieron por arreglos electorales, acuerdos que luego fueron pagados por un acceso a la redituable caja de la Legislatura.

Quedan explorar, entonces, los perfiles de los otros dos que tuvieron un lugar importante en la campaña de 2021: Ramiro Marra y Victoria Villarruel.

Si Montenegro y Zago consiguieron su ticket para entrar en la boleta como pago por el sello, ¿qué hizo Ramiro Marra para ser el primer candidato a legislador?

Marra es un influencer de los negocios. Tiene casi 300 mil seguidores en su canal de Youtube, que tiene una descripción concisa: "Los que se suscriben aprenden a administrar y a ganar dinero". En Instagram lo siguen 400 mil personas y en Twitter casi 200 mil.

Esos conocimientos los aplica en Bull Market Group, una financiera que dirige y que tiene dos pisos en el edificio Fortabat, a dos cuadras del Luna Park, lugar que fue la sede de reuniones de LLA durante esa campaña.

Marra tiene una formación peronista en su juventud, y en 2019 fue el primer candidato a senador por el espacio de Roberto Lavagna. En las redes todavía se usa, como meme, una foto del youtuber en una plaza, sentado en una mesa con una consigna que decía "Lavagna es el mejor candidato a presidente, cambia mi opinión".

¿Cómo pasó, en dos años, de Lavagna a Milei? Y, sobre todo, ¿cómo consiguió el primer lugar en la lista? La versión oficial, la que da él, es que conoció a Milei siendo su alumno en la universidad: desde ahí quedó cautivado con sus gritos y sus excentricidades, y cuando este se lanzó a la arena no dudó un instante y lo fue a buscar hasta que lo convenció.

En el espacio, sin embargo, apuntan con el grabador apagado a una historia que lo sitúa como el primer monje negro del armado. Ahí se narran historias sobre la sociedad política que conforma con Eugenio Casielles, legislador que entró en 2019 por la lista de Lavagna —y que en esa campaña elogiaba no solo al exministro sino también a Eduardo Duhalde— y que tiene aceitadas relaciones con todas las tribus del círculo rojo.

Pero en off de lo que más se habla es de la plata que Marra y su financiera manejan. De hecho, de todas las caras visibles de esa primera campaña, solo él y Maslatón tenían un bolsillo abultado. Los enemigos que tiene el youtuber en el espacio dicen que es por esta razón que se explica su primer lugar en la lista de legisladores.

Villarruel, en cambio, fue producto de la imaginación del estratega Russo. Él, como contó en la nota con Maradeo, buscaba una "novia de Recoleta" que pudiera matizar el costado arrollador de Milei, que pudiera captar a un voto más conservador, más oligárquico, el del elector que necesita de alguien que le hable con calma pero con mordacidad, como si estuvieran en un salón coqueto. Villarruel, que dice cosas como "los senegaleses cortan calles, forman parte varios de ellos de bandas asociadas al narcotráfico, no respetan la Policía, venden mercadería ilegal" y "no niego que haya buenos inmigrantes", encajaba en ese perfil.

Era una jugada que tenía, además, un sentido electoral a futuro: si en los grandes centros urbanos hay un público más cercano al liberalismo de Milei, en el resto del país cotizan más y se entienden mejor las ideas conservadoras.

Villarruel no fue la primera opción. Pero fue la que quedó.

Ella se había hecho famosa por su perfil de negacionista de los crímenes de la dictadura cívico-militar, una especie de nueva Cecilia Pando. La diputada, que preside la Asociación de Víctimas del Terrorismo y publicó el libro "Los otros muertos: víctimas civiles del terrorismo guerrillero de los '70", entendió mejor que sus predecesores el espíritu de los tiempos: ella dice que los 30 mil desaparecidos son "mitología", que "el 24 de marzo solo se recuerda una parte de la historia" y que en "una guerra es legal matar al enemigo". Pero se cuida, al extremo, de hablar o de justificar la dictadura. No la condena —habla de "gobierno de facto" y no de "dictadura"— pero, con habilidad, evita defenderla.

—A los que me tildan de genocida, de facha, de racista, negacionista, les digo que todo eso lo recibo con una sonrisa. Son los mismos que justifican los crímenes del comunismo. No tenemos que pedir permiso ni perdón por cómo pensamos. Estamos hartos de las dictaduras de las minorías, donde unos pocos progres culposos nos dicen cómo tenemos que vivir. Por eso, si defender la impunidad del terrorismo es de izquierda, señores, soy de derecha. Si votar leyes como la ley Micaela, la ley Yolanda, la ley que mete el lenguaje inclusivo en los medios, si estar de acuerdo con la ideología de género que discrimina entre hombres y mujeres es de izquierda: yo soy de derecha —dijo Villarruel en el acto en Parque Lezama, en el cierre de la campaña de 2021, mientras la multitud gritaba "la casta se la come".

En el espacio la llaman la "Dama de hierro". Su biografía avala el apodo. Su padre, Eduardo Villarruel, fue un militar orgulloso de haber "luchado contra la subversión" en el "Operativo Independencia" —por el cual la dictadura le entregó un diploma de honor— y luego en la sangrienta Tucumán de Bussi. En la Guerra de Malvinas fue capitán de la compañía de Aldo Rico y con el regreso de la democracia armó una empresa de seguridad. Es Safety Argentina SRL, que tiene mucha trayectoria en este paño y que, cuando murió en 2021, heredó su manejo la actual diputada. Vueltas de la vida: Eduardo tenía una buena relación con Antonio

Montenegro, el padre de Lucía, a quien hasta invitó a su casamiento. El mundo ultraconservador es un pañuelo.

Ernesto Villarruel, el hermano de Eduardo, también es conocido en este ambiente. Fue oficial de inteligencia y uno de los altos mandos del centro clandestino "El Vesubio", en La Matanza, donde desaparecieron Haroldo Conti, Raymundo Gleyzer y Héctor Oesterheld, entre otros cientos. El tío de la diputada fue procesado con prisión preventiva en 2015 por privación ilegítima y tormentos contra dos militantes. En 2019, a pesar de que los casos por los que se lo había procesado fueron acreditados, por su agravado estado de salud quedó afuera del juicio "Vesubio III", donde fueron condenados tres militares a cadena perpetua y otros cinco a quince años de prisión.

Victoria Villarruel fue la puerta de entrada de Milei al mundo más retrógrado de la política internacional. La negacionista, anfitriona y "querida amiga" de los diputados de Vox, acercó a Milei a este espacio ultraconservador. En octubre de 2022 el economista participó en un evento de ellos en España, y aseguró ahí que "siempre se iba a sentir cómodo" entre quienes pelean contra "la amenaza del comunismo".

Villarruel, además, fue quien recibió a Juan José Gómez Centurión dentro del armado liberal. Él, a diferencia de la diputada, sí llevó a la práctica sus ideas contra la democracia y participó de los levantamientos carapintadas contra el gobierno de Alfonsín. En 2021 el militar retirado apoyó a Milei, y coló a Fernanda Araujo, su referente en la Ciudad, como cuarta en la lista de diputados. Fue una sociedad política entre Gómez Centurión y Milei que al año siguiente, comentarios a favor de la venta de órganos y de niños mediante, se cortó.

Aunque para afuera a la "Dama de hierro" se la ve como una mujer ultraconservadora, en el seno de su familia fue siempre la oveja negra, la revolucionaria: en ese grupo jamás pudieron digerir que ella se haya divorciado de su primer marido.

Hay otra anécdota que la pinta menos "dura" de lo que se suele pensar. Es una escena que contó ella a varias personas durante la campaña, y que la dejó temblando. Habla también de cómo ven algunas personas en el interior del espacio de Milei al dúo Marra –Casielles.

La entonces candidata venía acumulando varias broncas. Sentía que la hacían a un lado, que no era tenida en cuenta para la toma de decisiones, que a veces Milei u otros se iban de boca y hablaban de cosas en las que ella no coincidía —como que la educación deje de ser pública—, pero el gran problema era otro: no le pasaban un solo peso para caminar la calle o para hacer carteles. Por eso un día fue a reunirse con Karina, la cajera del espacio. Según el relato de Villarruel, en plena charla apareció, encapuchado, Casielles, y de mala manera le hizo saber que no le iban a pasar ni un cobre. La "Dama de hierro" no volvió jamás a insistir sobre el tema.

* * *

Este fue el grupo que el domingo 14 de noviembre de 2021 colmó el Luna Park.

Esa noche se cruzaron dirigentes como Cusanelli con la empresa del amigo de los Schenkler, carapintadas como Gómez Centurión con amigos de Seineldín, mercaderes de sellos con youtubers financieros, radicales arrepentidos con sectores católicos y ultraconservadores, una mezcla variopinta que se montó sobre el caldo de descontento social post pandémico y que festejó el 17% de los votos. Fue una jornada llena de emociones, que casi termina mal cuando un hombre de seguridad de Milei amagó con desenfundar una pistola desde el escenario ante un tumulto menor.

En esa fecha el país se dio cuenta de que el libertario tenía fuerzas para rugir. Y por si alguien le quedaba alguna duda, el economista lo pronosticó en sus palabras finales.

—En 2023 voy a visitar cada rincón de la Argentina para que ese año haya una boleta liberal. Yo no vine acá a guiar corderos, vine a despertar leones.

12

¿Avanza la libertad?

— ¿Tuviste que ceder algo de tu ideología a la hora de convertirte en funcionaria pública?

— Sí. En lo personal sí.

Rebeca Fleitas se mudó de Entre Ríos a Capital a mediados del 2016. Se sumó al Partido Libertario apenas estaba naciendo y lo ayudó a crecer, como tantos otros, sin recibir un peso. Solo por convicción. En el 2021 ese trabajo tuvo un premio: ocupó el cuarto lugar en la lista de legisladores porteños de La Libertad Avanza.

Sus sueños de estar dentro de un partido casi revolucionario, que venía a dar vuelta a Argentina para barrer la mugre, tienen una fecha precisa de defunción: el 7 de diciembre de 2021, la misma tarde en la que juró a su cargo.

—Las autoridades del partido me quisieron hacer firmar una carta de renuncia por anticipación. También redactaron a nombre mío una carta donde yo supuestamente me comprometía a contratar a las personas designadas por ellos. Querían poner gente en mi despacho que no tenía formación. Me pidieron todos los contratos, me habían designado a todo el personal. Yo no podía elegir ni a uno. Me planté. Les dije que el Estado tiene que ser chico, que nosotros veníamos a reducir el gasto público, que me había sumado al partido porque defendía ciertos principios y que ellos estaban yendo en contra de todo eso. Esa fue la pelea que tuvimos, que me costó la militancia en un espacio al que ayudé a construir, al que le dediqué tres años, todo a voluntad. Era una locura. Y encima son tan burdos que me dieron todos los documentos por escrito, tengo todo.

La legisladora, que en la campaña había trabado una buena relación con Milei, guardó este secreto durante un año. En noviembre de 2022 prendió el ventilador en un programa de Youtube, *Día Ele*. Ahí reveló este hecho desconocido: que Nicolás Emma, el presidente del PL de Capital, y el resto de las autoridades del espacio se manejaban igual que "la casta" a la que decían venir a destruir.

Fleitas tocaba uno de los nervios sensibles de la política de poco vuelo de este país. Los contratos de asesores que manejan los diputados nacionales o provinciales, cuando no son empleados con honestidad, son el lugar desde el que se devuelven favores, se pagan otros, o se mantiene a la militancia. Son sueldos que salen del Estado a cambio de una contraprestación que nada tiene que ver con el funcionamiento del Poder Legislativo. En la calle se los conoce como "ñoquis". Estos puestos también se usan, en muchas ocasiones, para el enriquecimiento personal del legislador o de su espacio, que contratan a alguien con la obligación de que le devuelvan una parte cada mes.

Son números que no cambian la macro de la economía, pero que en un país en crisis pueden significar mucho para un individuo que necesita de un salario o para un partido pequeño como el PL: en Diputados, por poner un ejemplo, los sueldos de asesores arrancan en $248.864 (a valor de mayo 2023), más los adicionales. De hecho, el grueso del círculo íntimo de Milei, como su maquilladora y su camarógrafo, iban a engrosar las filas de los asesores de la Legislatura porteña a partir de la elección del 2021. "Yo soy ñoqui hace seis meses", dijo Lilia Lemoine, la peluquera del libertario, en un rapto de sinceridad en un Space de Twitter en noviembre de 2022.

Pero Fleitas tenía, en esa entrevista con *Día Ele*, algo más para contar que las prácticas de un grupo sediento de dinero. Algo mucho más grave.

—Cuando asumí sufrí, tuve muchísimo stress—, siguió. —El día de la jura me hicieron una operación interna diciendo que yo estaba exigiendo la presidencia del partido. A partir de ahí empezó una secuencia de hechos totalmente desagradables, sufrí maltratos de todo tipo. Y también amenazas. Hubo un período en el que tuve amenazas de gente que me escribía por las redes diciendo que me animara a ir una marcha liberal a ver que me pasaba, que me iban a esperar en las puertas de la legislatura. Tuve que hacer la denuncia y tuve custodia policial cuatro meses. Los policías hacían cambios de turno de 24/7, pero siempre tenía a alguien en la puerta de mi casa o conmigo en la Legislatura.

El conductor del programa era Ian Crespi, miembro del Partido Libertario. Militaba ahí desde el 2018, en lo que habían sido años de intenso trabajo. Tenía motivos de sobra para sentirse interpelado por lo que estaba escuchando. Fleitas le estaba diciendo, en la cara, que su espacio estaba podrido hasta la médula. Cualquier otro, en su lugar, se hubiera enojado o hubiera tenido algún tipo de reacción emocional. Pero a lo largo de toda la nota, ante los gravísimos hechos que denunciaba la legisladora, Crespi mantuvo siempre la misma postura: preguntar y repreguntar con criterio y distancia, precisamente lo que dicta el manual del oficio.

Sin embargo, las autoridades del espacio, las mismas que según Fleitas la habían apretado, no pensaban lo mismo.

—A las horas de la entrevista fui eliminado del grupo de Whatsapp del PL de la comuna 12, donde milito, sin previo aviso e ignorado por la persona que efectuó dicha eliminación —subió Crespi a su cuenta de Twitter. —Minutos después me entero que fui "suspendido" del partido también. Según ellos, fue por "difundir información difamatoria", la cual nunca juzgué como verdadera ni falsa, tampoco expresé ningún juicio de valor sobre la misma, solo me limité a preguntar en mi rol periodístico. No solo no emití juicio, sino que también invité abiertamente a las autoridades del partido para permitir el derecho a réplica. Repito: mi trabajo fue exclusivamente periodístico y no tengo una posición tomada respecto a los dichos de la legisladora. Este tipo de acciones, que se acercan más al fascismo que al liberalismo, censuran todo tipo de cuestionamientos y debates internos del partido.

A Crespi lo echaron del espacio. Fleitas, cuentan los que hablan con ella, estuvo a punto de renunciar a su banca. Al final la convencieron y siguió en su cargo, pero se convirtió en una paria para los popes del partido. El PL, el que tenía un "nombre glorioso" como decía Giacomini, estaba cambiando de rostro.

Es que la cúpula de ese partido, apenas probó el gusto del poder, apenas se subió por primera vez a un escenario ante miles de personas, se transformó. Eso lo prueba no solo la expulsión de militantes, las prácticas "fascistas" como decía Crespi, sino también lo que sucedía en sus registros oficiales.

Eso es lo que dice, al menos, Silvina Beatriz Prino. Ella era una de las responsables, en el 2020 y en el 2021, de las afiliaciones del PL en el conurbano. Era un trabajo que hacía por pasión y que le gustaba: dice que en los buenos días llegaba a convencer hasta diez personas para que se sumaran a su espacio, que no paraba de crecer.

Por eso es que, según su relato, le costó tanto entender lo que estaba sucediendo. Cuenta que un día descubrió que las afiliaciones que ella hacía, que eran necesarias para llegar a las 4000 que se necesitan para ser reconocidos a nivel oficial, no se terminaban de registrar ante la Justicia Electoral. Y que en cambio sí se anotaban a personas muertas, menores de edad, e incluso a ciudadanos reales pero que ni siquiera habían sido consultados.

—Es que los dirigentes del PL querían controlar unilateralmente al partido. Si sumaban en serio a todos los que anotábamos hubieran tenido un problema, son personas que tienen ideas y voz propias. En cambio, los muertos no pueden discutir—, asegura Prino.

Ella hizo la denuncia, que hoy se tramita en el juzgado de Alejo Ramos Padilla, en La Plata. María Servini de Cubría, jueza federal de Comodoro Py, tiene en sus manos otro expediente que alerta sobre la misma metodología, pero con el Partido Libertario de Capital. Ahí también hay acusaciones de que afiliaciones truchas.

La abogada de Prino, Mariela Pérez Cesaretto, tuvo que pedir a la Justicia "medidas de protección personal". Cuenta que desde que presentó la demanda le empezaron a llegar amenazas. Primero fueron anónimas, por internet. Después fue una bala, que le dejaron en la puerta de su casa. Y por último fue su perro. Un día lo encontró muerto. Lo habían envenenado.

* * *

Lo que sucedía con la cúpula del Partido Libertario no era un caso aislado.

A un año de la asunción de Milei como diputado, La Libertad Avanza había sufrido transformaciones profundas. No se aceptaban discusiones y mucho menos planteos puritanos sobre temas tan elementales para el libertarismo como el tamaño del Estado.

Había llegado el momento de encarar la campaña de 2023. Había llegado el momento de sacarse de encima a cualquiera que tuviera una vara moral alta o que pudiera representar un problema por tener voz propia. Las amenazas, que obligaron a una de sus propias legisladoras a vivir con custodia policial, estaban a la orden del día.

Este era el correlato de la irrupción en la LLA de un oxidado operador noventoso, que había logrado conquistar la simpatía de Karina, que se había hecho con el monopolio del armado a nivel nacional y que había obligado a todo el resto de los actores a adaptarse a su impronta y a sus mañas para sobrevivir.

Había llegado la hora de Carlos Kikuchi, el monje negro, la cara más oscura de Javier Milei.

* * *

—50 mil dólares me pidió Kikuchi. Eso era lo que costaba "comprar" el apoyo de Javier.

Quien habla es alguien que trabajó con Milei. Como prueba de lo que dice adjunta conversaciones con "el Chino", como llaman al operador, por Whatsapp, de esas que se borran luego de leerlas. Se leen idas y vueltas de chats de rosca pura, de cuentas, de pedidos, de sobres. Brillan por su ausencia los valores que Milei dice defender.

Esta persona iba a ser candidato por LLA de una provincia importante. Eso le habían dado a entender y eso creía. Pero luego llegó la chequera de Kikuchi y tuvo que declinar sus ambiciones políticas para competir por la suya. La denuncia de esta fuente había sido on the record. Poco antes de que se imprimiera este libro se arrepintió y pidió transformar la declaración en off.

De cualquier manera, el "robo para la Corona" que revelaba daba en el centro de los fantasmas que giran alrededor de Kikuchi: la venta de cargos, los arreglos con gobiernos provinciales, las razzias internas, los aprietes, las amenazas.

Es que si en la campaña del 2021 habían irregularidades y lugares grises —que sus armadores, con el grabador apagado, confirmaban pero justificaban como pasos inevitables para un outsider que luego se corregirían—, desde la llegada del monje negro los pecados de La Libertad Avanza se transformaron en pozos negros de oscuridad.

* * *

A Domingo Cavallo se lo suele dar como uno de los mentores de Milei. La propia Cristina Kirchner lo dijo, cuando habló en un acto en La Plata del libertario como el "discípulo de ojitos claros" del ministro de la convertibilidad. En esa línea es que casi todos en LLA insisten con la versión de que fue Cavallo quien envío a Kikuchi al armado, como una especie de apoyo o bendición.

Pero Cavallo lo niega. Esa es una de las dos respuestas que va a dar para este libro. El exministro rechazó la idea de una entrevista en una decena de oportunidades. Pero la única vez que contesta es cuando le pregunto sobre quien era su jefe de prensa cuándo él era ministro, y sobre el rumor de que había sido él quién lo había puesto en la campaña del libertario.

—No, eso no es cierto. Milei conocía a Kikuchi de un programa de radio.
—¿Y usted habla con Milei?

128

—Nunca hablé de política con él. Hablaba de economía, pero en el pasado.

—¿Ya no?

La última pregunta quedó en visto. Pero lo que importa es que la respuesta de Cavallo sigue alimentando el misterio alrededor de Carlos Kikuchi. ¿Si no fue "Mingo", quién? ¿Cómo logró el operador, de la noche a la mañana, monopolizar un redituable armado, expulsar a todos sus competidores y transformarlo a voluntad y beneficio?

* * *

Kikuchi no fue parte del nacimiento de LLA.

Uno de los consultados para este libro, uno de los líderes de la primera campaña, dice que a último momento Milei pidió incluirlo en la lista de legisladores porteños, en la tanda del fondo, casi como un gesto. Fue algo que al final no sucedió, y es esta la única versión sobre la presencia del operador en la génesis del armado. "El Chino" no estuvo en los actos, en las recorridas, en el comando de decisiones, en los bunkers, en ningún lado.

El grueso del espacio vio por primera vez al operador en el arranque del 2022. Fue una figura a la que tuvieron que adaptarse rápido: para febrero ya había sido entronizado como el armador oficial.

Acá hay que entender primero la compleja dinámica que tomó el espacio.

LLA tiene una estructura profundamente caótica, sin lugares asignados en el escalafón ni ningún tipo de orden jerárquico como tienen otros partidos. Es zigzagueante, y el mejor amigo mañana puede ser un traidor y viceversa.

Además, sufre de otro problema: se desarrolló demasiado rápido. Por poner un ejemplo, el PRO compitió y perdió una elección antes de ganar la votación que en el 2007 convirtió a Macri en jefe de Gobierno. Recién dos mandatos después dio el salto a nivel nacional.

Pero este caso es muy distinto. El crecimiento de LLA fue brutal. Salió de su primer semestre de vida, en el que estuvo completamente abocada a la campaña, con el propósito de llevar a Milei a la presidencia en tan solo dos años.

Eso lo hizo sin tener algún tipo de orden interno, ningún mecanismo de debate o de resolución de conflictos, ni tener tampoco la intención de diseñarlos. Lo único claro para todos los involucrados era que los que mandaban eran Javier y Karina, una lógica ultraverticalista que encerraba un problema: ambos pueden cambiar de opinión sobre un tema varias veces en una semana. En un espacio que copió las formas y los vaivenes emocionales del líder y de su hermana, el caos era inevitable.

Karina fue la que llenó todos los agujeros. Aunque su hermano es la cara visible, aunque casi no se le conoce la voz, aunque toda su vida estuvo aún más alejada de la política que Javier, es "el jefe", como la llama, la que lleva la voz cantante en LLA. En algunos temas tiene el monopolio total, tópicos que en cualquier otro partido suelen estar divido entre varias personas. Pero a ella no quiere o no sabe delegar.

Uno es el manejo de la plata. Ella es la cajera, la que controla el dinero que entra y sale, la que toma las decisiones sobre la recaudación y la que se encarga del cobro. Los que la tratan dicen que es mucho más rápida para estos trámites que su hermano.

"Moisés", como se refiere a ella el libertario, es también quien maneja la estrategia. De hecho, a Javier las alternativas a seguir, los nombres a los que apoyar o a los que expulsar, la agenda, las entrevistas, los actos, la estética, y los lugares a visitar le llegan a través de su hermana. "Eso hablalo con Kari", es la frase más escuchada dentro del frente, una lógica que saca de quicio a más de uno y que a la larga termina siendo un freno a la resolución de cualquier asunto.

Todos los que están dentro del armado —o los que quieren pertenecer— saben que para hacer cualquier cosa necesitan primero la bendición de Karina. Ella es la manera de llegar a Milei, ella es quien lo convence de los pasos a dar. Ella es la única persona en la que realmente confía. La danza de figuras alrededor de la hermana se explica por esta realidad.

—Si quieren estar acá ya saben a qué teléfono llamar—, suele repetir Karina.

Algunos en el espacio sostienen que hay en la relación de Karina y Javier algún tipo de manipulación. Que cuando ella no consigue lo que quiere patalea, discute, grita y termina enfrascada en terribles peleas con su hermano, hasta que le retira la palabra y se va del lugar. Que así pueden pasar varios días de incomunicación, hasta que el diputado termina cediendo ante "el jefe".

Y que es el miedo de Milei a la más profunda soledad, en esos ratos en que su hermana le deja de hablar, la explicación del poder que tiene Karina.

$$* * *$$

La biografía de Kikuchi es un misterio.

Se sabe que fue vocero de Cavallo en los noventa, aunque en los últimos tiempos prefirió alterar la realidad y empezó a contar en las entrevistas que había sido su "jefe de campaña". De los 2000 en adelante "el Chino" se convirtió en un actor residual de la política. Algunos en el círculo rojo lo sitúan dentro del amplio mundo de los servicios de inteligencia.

Hijo de un embajador japonés y de "Malu" Kikuchi, la histórica productora de Bernardo Neustadt —el periodista que fue la gran voz publicitaria de la última dictadura— y luego asesora de María Julia Alsogaray —la única condenada por corrupción del menemismo, que pasó a la historia por su tapado de piel en la tapa de la revista *Noticias*—, si habría que transformar la vida del operador en un cuadro habría que pintarlo todo de gris.

Sin embargo, hay algo que es claro en la biografía de Kikuchi. Él vio antes que nadie que para controlar a Milei había que conquistar primero a la hermana. Y a pesar de que era un recién llegado al espacio, de que no conocía al grueso de los actores de LLA, de que no tenía la espalda, los contactos, la trayectoria ni el currículum suficiente, en los primeros días del 2022 se ganó el favor de Karina. Y con ello el control del armado.

Desde entonces nadie lo pudo parar.

La comparación de esta situación con lo que pasó en el último peronismo es casi inevitable. Un arrastrado López Rega, curiosamente también propenso a lo esotérico, consiguió la bendición de

Isabel, la esposa de Juan Domingo Perón, y así logró manejar gran parte de los hilos del tercer gobierno del General.

Es esta, de hecho, la metáfora que suele usar el influencer Carlos Maslatón.

—En una reunión en el restaurante Garibaldi, a fines de febrero de 2022, Kikuchi me dijo que no pertenecía más a La Libertad Avanza. Le dije que esa no era una decisión que podía tomar él, que un partido no se maneja así, con esa metodología fascista. Pero echaron a todos los que habíamos hablado en los grandes actos de la primera campaña. No hay que engañarse. Kikuchi es Karina y Karina es Kikuchi, como Isabel era López Rega y López Rega era Isabel—, dice el abogado, sentando en un café del centro porteño.

El primer efecto de la entronización del nuevo armador fue casi inmediato. Los que habían ocupado ese lugar en la campaña del 2021 fueron corridos por defecto. A Marcos Urtubey lo expulsaron para nunca volver, mientras que Eugenio Casielles sufrió un destierro que tendría sus idas y vueltas. Su socio, Ramiro Marra, que había sido el operador a nivel nacional de Lavagna en el 2019 y que aspiraba el lugar de Kikuchi, emprendió una retirada estratégica y alambró la Capital Federal.

No deja de ser llamativo. Aunque el trío había tenido sus agarradas en las elecciones legislativas, había dado también probadas muestras de que podía cumplir con su tarea. En el fútbol y en la política se suele usar la lógica de que el equipo que gana no se toca, aunque no fue este el caso de LLA.

Pero no era solo un recambio táctico o de puesto por puesto. Kikuchi, apoyado por Karina, comandó una fenomenal razzia que se llevó puesta a gran parte de los dirigentes de primera línea. Cuando se disipara la humareda de la batalla, el espacio que iba a quedar en pie iba a ser uno muy distinto al original.

"El Chino" y Karina expulsaron, además de Urtubey, Marra y Casielles, a Maslatón, Emmanuel Dannan y Eduardo "El Presto" Prestofelippo, tres reconocidos influencers que empujaban al libertario en sus redes, a Álvaro Zicarelli, intelectual que oficiaba como el Canciller en las sombras de Milei, y, un escalón más abajo, a Mila Zurbriggen, la presidenta de la juventud libertaria, y a Gastón Alberdi, descendiente del padre de la Constitución y candidato en el 2021.

¿Por qué echaron a quienes habían ayudado a crear La Libertad Avanza? La versión oficial fue que eran "traidores" que se habían infiltrado en el movimiento para romperlo desde adentro. Uno de los que sobrevivió a la balacera aporta otra versión. Que Karina, entre tiradas de cartas y conversaciones místicas, vio con sus capacidades sobrenaturales que estos eran "enemigos" enviados por "el Maligno".

Quizá la respuesta esté en lo que tenían en común los "traidores". Aunque los declarados rebeldes venían de lugares distintos o tenían historias disímiles todos habían puesto su esfuerzo —y algunos de ellos miles de dólares— en la génesis del espacio, tenían voz propia y espalda suficiente como para discutir con el líder, posibilidades de crecer como figuras con peso propio y, a contramano de lo que luego demostraría Milei, no estaban dispuestos a aceptar cualquier acuerdo con tal de llegar a la elección presidencial.

Este último es un capítulo central para entender la transformación de La Libertad Avanza. Una vez efectuada la razzia, como quien prende fuego un campo para luego sembrar otra cosa, Kikuchi tendría el terreno libre para hacer y deshacer. Lo que había de liberal y de novedoso en el espacio estaba en franca retirada. Estaba por llegar otra cosa.

Estaba por cumplirse la profecía del filósofo italiano Antonio Gramsci: cuando lo viejo se muere y lo nuevo tarda en aparecer es cuando surgen los monstruos.

* * *

— Armando estructuras con Bussi estás manchando la idea de la libertad, le estás bajando el precio, y lo que estás logrando es que termine rindiendo mucho menos la imagen de Milei a nivel nacional —le gritó un liberal anónimo a Kikuchi durante un acto en Córdoba, a mediados de junio de 2022.

El video se corta segundos después. Se llega a ver la primera reacción de los organizadores del evento: empujan al joven y lo prepotean sin saber que había un celular grabando. "No te hagas el pesado", lo amenazan.

Para esa época el "Chino" manejaba la coordinación en todo el territorio. Si en el 2021 para llegar a Milei había que pasar por Karina, un año después, para ser parte del LLA a nivel nacional había que negociar con el operador.

Ricardo Bussi, el orgulloso hijo del genocida y corrupto tucumano, había logrado su atención. La formalización de la alianza con uno de los peores apellidos de la historia argentina sería el gran detonante de la interna, que en este momento tomaría estado público. Era mucho más que un acuerdo político: era la confirmación de que LLA había terminado su proceso de transformación y de que las tempranas predicciones de Giacomini sobre "matar a las ideas de la libertad" habían sido acertadas.

El caso Bussi lo ponía de manifiesto, y fue lo que llevó la pelea en la cúpula al resto de la militancia en el país. El Partido Libertario Tucumano, que estaba en camino a ser reconocido como un partido político oficial y que venía creciendo en el distrito, abandonó La Libertad Avanza apenas Kikuchi les comunicó la alianza en su provincia.

Es que ellos conocían bien al genocida y a su prole. También lo conocía Milei, que trabajó para el criminal.

Antonio Bussi fue gobernador durante la última dictadura. Fue acusado de 800 casos de secuestros, torturas, homicidios y desapariciones. Registra una característica singular: fue el único alto mando de ese régimen homicida que ejecutaba los asesinatos con sus propias manos.

—En dos oportunidades presencié fusilamientos en la Compañía de Arsenales Miguel de Azcuénaga. El que efectuaba el primer disparo era el General Bussi y después hacía participar a todos los oficiales de mayor jerarquía. Cada quince días mataban entre 15 o 20 personas— contó el conscripto Omar Eduardo Torres en el Juicio a las Juntas.

Además de la perpetua por crímenes de lesa humanidad, a Bussi lo condenaron por delitos de corrupción. "Ni niego ni afirmo", fue la frase con la que inmortalizó su cinismo y que usó para defenderse del enriquecimiento ilícito que abarcó al menos 350 mil dólares y la apropiación de 17 departamentos.

Con la llegada de la democracia Bussi creó el partido Fuerza Republicana. En 1995 llegó a ser gobernador. Un año antes había logrado ser elegido diputado nacional. A esa banca iba a volver en 1999 aunque la Cámara, con el apoyo mayoritario de todos los bloques, se iba a negar a aceptar al genocida.

En la primera etapa de Bussi como legislador Milei se convirtió en uno de sus asesores personales, en especial en temas económicos y lo ayudó en la redacción de leyes.

¿Es un pecado trabajar para uno de los peores genocidas del país, que además es un probado corrupto? La ley no lo impide, pero quizás la respuesta esté en lo que hizo Milei desde 1994 hasta el 2021: en todo ese tramo jamás le contó a nadie que había trabajado con Bussi. Ni siquiera a sus más íntimos amigos.

Todos ellos se enteraron durante el debut político del libertario. Alguien le pasó esa información al diputado Leandro Santoro, que competía contra el economista en las elecciones porteñas, y este lo hizo público.

La primera vez en casi dos décadas que el líder de La Libertad Avanza habló del tema lo hizo en nombre del sistema republicano y con un descaro que haría sentir orgulloso a su antiguo jefe.

—¿Acaso se te pasa por la cabeza que Bussi llegó a la banca por votación? ¿Acaso renegás de la democracia? —le dijo al frentetodista.

—No da hablar en defensa de la libertad habiendo sido parte de esto —retrucó el radical.

* * *

Fuerza Republicana sigue existiendo.

La preside el hijo menor de Bussi, Ricardo, secundado por su hija Josefina, la tercera generación de la familia que vive del Estado y que tiene en su despacho un cuadro de su abuelo genocida.

Este partido ocupa el tercer lugar en la política tucumana. Esa condición, en una provincia en la que un puñado de votos puede definir una elección, hace que la performance de ese partido termine de inclinar la balanza hacia alguna de las dos primeras fuerzas: el peronismo o la oposición.

—Como sabe todo el mundo, ese partido nos es funcional —le explicó el presidente de la Corte Suprema de Justicia de Tucumán, Daniel Leiva, al juez provincial Enrique Pedicone—. Entonces, sacudí al tipo lo que tengas que sacudir, pero sin hacer macanas, sin que se nos arme quilombo.

"El tipo" era Ricardo Bussi, a quien en ese entonces, a fines de 2020, Pedicone investigaba por once denuncias de abuso sexual. Por ese trabajo el juez recibió fuertes presiones de parte de la cúpula del poder tucumano, históricamente cercano al PJ.

—Hacela volver a instrucción o tirala abajo. Yo la verdad es que ni entiendo la causa. Es una cosa que es entre chuparle el pingo y las cuentas bancarias.

Lo que no sabía Leiva, uno de los hombres fuertes del peronismo tucumano en el Poder Judicial, era que Pedicone lo estaba grabando.

Luego de esa grabación las amenazas se incrementaron y tomaron la forma de siete pedidos de juicio político, caso que está tratándose en la ONU.

Ricardo Bussi, que cobra un sueldo del Estado desde 1984 (y que en 1999 "heredó" la banca en Diputados que su padre no pudo asumir), sigue siendo legislador provincial a pesar del pedido de desafuero del juez.

Él fue el elegido de Milei para ser su candidato en Tucumán.

Esta alianza significó mucho más que una jugada política. Una gran parte del espacio no pudo digerir el acuerdo con Bussi, un rechazo que les generó no solo el apellido sino su larga tradición dentro del Estado. Fue el punto de quiebre dentro de la derecha ultraliberal y el parteaguas en el viraje de Milei a, como dicen los ahora rebeldes, el "fascismo".

La primer baja en la provincia fue la del Partido Libertario tucumano. "Les deseamos buena suerte en esa elección, sin los verdaderos libertarios", decía el comunicado en el que oficializaron la ruptura. En San Juan se repitió la postal. "La Libertad Avanza parece haber sido tomada por personas ajenas al liberalismo", dijo el PL de esa provincia.

Para este momento parecía que una de las pocas políticas claras del espacio era sacarse de encima a los libertarios puros. "Es que con ustedes no se puede negociar", dijo Kikuchi en una de las reuniones en que comunicó despidos a mansalva.

El 25 de junio de 2022 Milei hizo un acto en Córdoba. En los días previos circuló por los celulares de los organizadores una lista con personas que tenían prohibido el ingreso. A la "Agrupación Libertad", un grupo de jóvenes liberales de la provincia, no los dejaron entrar.

El monje negro estaba en la puerta controlando quién pasaba y quién no.

* * *

El viraje que mostró Milei en el 2022 no se daba solo en las alianzas.

Junto al tren fantasma de candidatos Milei profundizó las ideas más conservadoras de su discurso. Empezó a hablar de armar a la población, de habilitar la venta de órganos ("Si quiero disponer de una parte de mi cuerpo, ¿cuál es el problema?") y de niños, y defendió a la exprimera ministra británica Margaret Thatcher.

También cometió errores de otro tipo. Promocionó CoinX, una empresa de criptomonedas que terminó siendo un esquema Ponzi —una causa que se abrió y en la que está imputado—, usó dos pasajes del Congreso para viajar a actos partidarios ("si no usas ese dinero le vuelve a la casta") y se ausentó en votaciones claves. Una fue la ley de Alivio Fiscal ("es que yo juego en las grandes ligas") y otra la que se conoció como "Tasa Milei": este proyecto aumentó los impuestos en los pasajes aéreos, una política que beneficiaba a su histórico jefe Eduardo Eurnekian y a la que el paladín contra el aumento del Estado no votó en contra.

Pero no solo cambiaba su discurso y sus alianzas. Había algo en él, algo profundo, que había cambiado. Sin amigos, sin pareja, sin Conan, pero con poder, dinero, seguidores en todo el país y el apoyo del "UNO", Milei cavó aún más hondo en lo más iracundo de su personalidad.

Los exabruptos estaban a la orden del día. Dejó de ir a entrevistas en la que le pudieran discutir, dejó de aceptar debates públicos, mientras que veía encerronas, enemigos y traiciones por doquier. El abogado especializado en finanzas, Martín Litwak, contó en octubre de 2022 que Milei exigió que lo echaran de una conferencia en la que ambos iban a participar. "Javi querido, pedir que me bajen como condición para participar vos habla más de vos que de mí. No sé a qué le tienes miedo", dijo en Twitter.

La de Litwak era una buena pregunta. ¿A qué le temía Milei? Seguramente a varias cosas, pero había una que empezaba a repetir cada vez más, no solo en la intimidad sino también en las entrevistas con medios amigos. "Larreta armó una Pyme para perseguirme, buscan datos de mi historia clínica", dijo en una decena de oportunidades. ¿Por qué el libertario tenía tanto pánico sobre este tema? En el arranque de 2023 en Diputados se aprobó la digitalización de las historias clínicas. Tuvo 227 votos afirmativos, y solo dos negativos: el del economista y el de Villarruel.

* * *

El libertario tuvo, además, líos con la prensa. Demandó por cinco millones de pesos a cinco periodistas, mientras que la revista *Noticias* descubrió que el diputado mentía. Y no solo eso: además de no decir la verdad, robaba.

El hombre que venía a barrer a los que vivían del trabajo ajeno era, detrás de la máscara, otro ladrón.

13

El rincón del vago

El sábado 14 de mayo de 2022 Milei presentó su libro *El camino del libertario*. Lo hizo en la sala mayor de la Sociedad Rural, en el marco de la 46° edición de la Feria del Libro de Buenos Aires, y con la capacidad totalmente agotada. En la primera fila había dos personas especiales: papá Norberto y mamá Alicia.

La presentación corrió a cargo de Viviana Canosa, su conductora preferida. El evento transcurrió sin mayores sobresaltos y de acuerdo al manual de lo que debe ser un acto de estas características: preguntas fáciles, elogios desmedidos y aplausos generalizados. Lo único que se salió del guión fue, sorpresivamente, por culpa de la presentadora. "Vi la tapa de *Noticias* de hoy y dije, bueno, otra opereta", lanzó Canosa, corriendo de su cara uno de sus blondos mechones de pelo.

"Bueno, digamos, o sea…", comenzó a contestar Milei, pero luego se quedó sin palabras. Fue solo un esbozo débil e inconcluso, casi como una indirecta para que su compañera tomara la posta frente a su silencio y desviara la conversación. "¿Cómo vivís con eso de que te operen, de que te persigan, de que te investiguen la historia clínica? Bueno, todavía no te inventaron ningún romance, ¿no?", replicó Canosa, divertida, llenando el silencio mientras Milei perdía la vista en el aire, quizás intentando encontrar una salida elegante para la consulta original de la conductora.

Lo que lo salvó del lapsus fue su propio público. "¡La casta tiene miedo!", gritó alguien desde el fondo, y a Milei se le encendieron los ojos. "Ahí tenés la respuesta Viviana: ¡la casta tiene miedo!". Inmediatamente, la voz suave de la conductora se sumó a la de la audiencia y el salón mayor de la Feria del Libro se transformó por unos instantes en una cancha de fútbol. "La casta tiene miedo, la casta tiene miedo", cantaban todos, estirando la última e y la última o.

—Son barderos eh, qué barderos que son, ¡no los escucho, no los escucho!—, arengó Canosa. —¡Vamos, todos juntos! ¡Sigan asustando a la casta, vamos!

Milei, como no podía ser de otra manera, se sumó al jolgorio. Y para sus adentros suspiró aliviado: no tenía forma de contestar lo que acababa de descubrir *Noticias*, que suponía una trompada al corazón de su discurso de intelectual que sabe de economía y de político que denuncia a "la casta" y al robo de trabajo ajeno. Es que el libertario, como el alumno de secundaria que no tiene ganas de hacer los deberes, se copió para sus libros. Y lo agarraron con el machete en la mano.

∗ ∗ ∗

La noche anterior a la presentación en la Feria del Libro el diputado estaba hecho una furia. Caminaba por las paredes. No había quien pudiera pararlo. Ni Karina ni su equipo de trabajo, que le suplicaban hacer silencio para que el tema no escalara aún más. Sabían que si libertario abría la boca la iba a embarrar. Pero él quería salir a decir la verdad. O, mejor dicho, su verdad.

Milei piensa que lo que él hizo no es robo. Usando un argumento extraño, le decía a quién lo quisiera escuchar que la "propiedad intelectual" no existe para un libertario anárquico como él, y que todos los escritores se basan en "trabajos previos", por lo cual es totalmente lícito usar lo que ya ha sido publicado.

Es una aritmética extraña. Primero porque el diputado sostiene que la propiedad intelectual no existe pero sus libros se venden caro, fondos que van a parar a su bolsillo y no a un fideicomiso universal. Segundo porque Milei no se "basó" en textos previos. Sino que los copió y pegó, un robo de decenas y decenas de páginas.

* * *

El 6 de mayo había arrancado como cualquier otro día para Milei. Hace poco había asumido su banca, y venía sacudiendo el avispero mediático y político con una de sus insólitas demostraciones de audacia, el "sorteo" de su sueldo como legislador nacional. En aquellos días lo había hecho por segunda vez, un premio de $347.157 para el que se anotaron más de dos millones de personas. Pero a las 10:19 de la mañana le llegó un mensaje a su celular: era de Tomás Rodríguez, periodista de la revista *Noticias*. "Me comunico con usted por una tapa que va a salir en estos días. En esa nota hay varios autores que declaran que usted cometió plagio de sus trabajos en su libro *Pandenómics*", decía el texto.

La estrella de punk-rock de la política argentina, que acostumbra a dejar callados a todos con sus gritos y diatribas, tal vez sufrió en ese instante uno de sus poquísimos ataques de mesura: decidió no contestar. Era un tema que le sacaba canas, y que se sumaba, además, a una mancha del pasado.

Es que un año antes un bloguero llamado @marcotullius había publicado en la plataforma "Medium" un artículo donde revelaba que muchas de las columnas de Milei en Infobae y en El Cronista tenían varios párrafos copiados. Y no se trataba de autores debidamente citados, con entrecomillados o referencias explícitas o implícitas a su trabajo. Nada de eso. Eran copias exactas y textuales de trabajos de intelectuales canónicos de la tradición liberal.

Entre los textos plagiados se encontraban "Anatomía del Estado", de Murray Rothbard, que Milei había copiado para su columna "Sobre la naturaleza del Estado", "El atavismo de la justicia social", de Frederik Hayek, reconvertido por el economista para su columna "La justicia social es injusta"; o "Planificación para la Libertad", de Ludwig Von Mises, transformado en "El castigo al exitoso nos hunde en la pobreza". Además también copiaba a autores como Henry Hazlitt y Walter Block.

En aquel momento, Milei apenas se defendió de la acusación, que por otro lado (llamativamente) no alcanzó demasiada relevancia pública. Argumentó que, al ser "notas de divulgación", no había necesidad de nombrar a los autores reales, por un tema "de practicidad". El tema no escaló demasiado. Tal vez porque a nadie pareció llamarle la atención que el académico ni se molestara en escribir tan solo unas líneas para aclarar de dónde sacaba esos párrafos, o tal vez porque todos esos autores (menos Block) habían muerto hacía varias décadas.

Pero esta vez era distinto. La nota de *Noticias*, una investigación liderada por Rodríguez, denunciaba mucho más que unas columnas copipasteadas de autores de antaño. En septiembre de 2020, en plena pandemia del Covid-19, Milei había publicado con Editorial Galerna, *Pandenómics*, una suerte de análisis del libertario sobre las consecuencias económicas del coronavirus en el mundo. Era un trabajo que se había pasado meses publicitando en los canales de televisión y en las entrevistas, y que había escrito desde el encierro pandémico en el hogar de su padre en Vicente López.

El libro contenía, a lo largo de buena parte de sus páginas, párrafos y párrafos copiados textualmente de trabajos académicos de distintos autores.

El físico mexicano Salvador Galindo Uribarri, egresado en Física por la Universidad de Oxford, en Inglaterra, fue uno de los damnificados. En 2013, junto a los autores Alberto Rodríguez y Jorge Cervantes, Uribarri había publicado *Las matemáticas de las epidemias: caso México 2009 y otros*, en la revista *Ciencia ergo sum*, dependiente de la Universidad Autónoma del Estado de México. En dicho texto, los autores presentaban un modelo matemático para estudiar distintos brotes epidémicos a lo largo de la historia. Hasta que Uribarri fue contactado por *Noticias*, no sabía que el libro de Milei contenía varios párrafos de su trabajo.

En la página 32 de *Pandenomics*, Milei comenzaba contando el caso de George Vicars, un sastre de un pueblo inglés que en 1665 se contagió de la peste bubónica y luego expandió la enfermedad a toda la aldea. "La epidemia no se extendió a las poblaciones vecinas, pero murieron 250 personas de un total de 350. Aún hoy se pueden ver las lápidas de sus sepulturas. El ser humano es gregario, una condición que ha hecho inevitable que a lo largo de nuestra historia las epidemias sean recurrentes", dice el libro del libertario. Es una cita textual, palabra a palabra, del trabajo de los mexicanos. Y ese era solo uno de los párrafos plagiados.

Al enterarse, Uribarri avisó al editor de la revista, Eduardo Loría, quien rápidamente le recomendó al físico hacer una denuncia ante el abogado de la universidad. "Al principio el plagio nos causó hilaridad pero después sorpresa: lo sorprendente es que ni siquiera hizo el intento de parafrasear el texto. Pero, a decir verdad, no nos preocupa mucho el plagio en sí, pero sí que gente como Milei, que ya tiene un historial de plagios, llegue a ocupar puestos de representación popular", contó Uribarri.

El español Antonio Guirao Piñera, físico de la Universidad de Murcia, presidente del Secretariado Permanente de la Olimpiada Iberoamericana de Física (una competencia de primer nivel internacional en la que participan más de veinte países de América Latina y Europa) también fue afectado. "Entender una epidemia: el coronavirus en España, situación y escenarios", publicado el 25 de marzo de 2020 en el Depósito Digital Institucional de la Universidad de Murcia, fue otro de los textos plagiados por el diputado.

"Mi primera sensación ha sido de gran tristeza. Por un lado, está claro que supone un disgusto para cualquier autor ver que el esfuerzo de uno es aprovechado por otras personas sin el reconocimiento de la autoría y el crédito correspondiente. Pero no solo eso: en el libro de Milei se realiza una interpretación incorrecta de los resultados de mis ecuaciones, porque precisamente lo que nos dicen las matemáticas es que el número de personas afectadas por una epidemia de estas características puede ser descomunal si no se controla", contaba Píñera en la nota, denunciando que Milei no solo lo copiaba, sino que además no entendía ni siquiera el contenido original de la publicación. En el libro/plagio de Milei, este minimizaba el impacto sanitario de la epidemia, subvirtiendo el sentido de los datos escritos en la investigación del español.

Pandenomics tenía copias literales, palabra por palabra, de su trabajo, de las páginas 32 a 34 y de la 42 a la 49. Para ser claros: nueve páginas, casi seguidas, del libro de Milei eran reproducciones textuales de otro autor. De hecho, la página 32 de *Pandenomics*, en la que el libertario roba el trabajo de Guirao Piñera, es la misma en la que también copia a los mexicanos, con el caso del inglés que se contagia de la peste. Dos plagios en una sola carilla. Debe ser un récord.

Pero eso no era todo. El libro contenía incluso plagios de textos escritos por Gita Gopinath, economista indio-estadounidense jefa del Fondo Monetario Internacional. Eran "¿Tenue estabilización, lenta recuperación?", un artículo publicado en abril del 2020 en la página del FMI, y también el texto introducción del Informe WEO (World Economic Outlook).

A diferencia de los otros casos antes mencionados, en los que omitía cualquier tipo de referencia, Milei arranca el primer capítulo de la tercera parte de su libro aclarando que iba a "repasar las perspectivas para la economía mundial en la previa a la llegada del COVID-19" en base "a trabajos realizados por organismos como el Fondo". Es decir, menciona al organismo. Pero luego el economista empieza a presentar esas conclusiones como propias, sin aclarar que él no había sido el creador original de esos razonamientos. "Por lo tanto, la materialización de cualquiera de estos riesgos podría desencadenar en rápidos cambios en la actitud frente al riesgo de los mercados financieros, lo cual llevaría a reasignaciones de las carteras hacia activos seguros y un aumento de los riesgos de refinanciamiento para los deudores vulnerables, tanto a nivel de empresas como de países", dice el economista en la página 197, una reproducción exacta —salvo por el "por lo tanto" que él agrega— del trabajo de Gopinath.

Había más casos. También robó del artículo "El FMI prevé la peor recesión desde la Gran Depresión", publicado el 16 de abril del 2020 en la página web de la "Foment del Treball Nacional", una confederación que representa desde 1771 a los empresarios catalanes. "Es muy probable que este año la economía mundial experimente la peor recesión desde la Gran Depresión, que relegará a un segundo plano la recesión registrada durante la crisis financiera mundial de hace una década. Según las proyecciones, el Gran Confinamiento, como cabría denominarlo, provocará una drástica contracción del crecimiento mundial", dice tanto en *Pandenómics* como en el trabajo mencionado.

Y más. En la página 241, Milei comenta una estimación de la Organización Mundial del Trabajo (OIT), cuyo artículo no menciona pero es "El COVID-19 y el mundo del trabajo, estimaciones actualizadas y análisis". En este caso Milei cita al organismo, pero luego hay más de seis páginas en las que el economista dice lo mismo, exacto, que en el artículo original, sin volver a hacer ninguna referencia.

Pero eso no era todo. También había hasta un plagio de un artículo llamado "Los medios de pago y la demanda de efectivo en Venezuela", publicado en la Universidad Católica Andrés Bello de Caracas en octubre del 2008, cuyos autores son Mariola Martínez y Susana Pardey. Y también transcripciones textuales del comunicado de prensa de la ONU "Creciendo a un ritmo menor", donde se decía que "se espera que la población mundial alcanzará 9.700 millones en 2050 y un máximo de casi 11.000 millones alrededor de 2100".

> —Lo que se suele tener en cuenta es que la cita no exceda los mil caracteres y que se incluya en el texto solamente para explicar o desarrollar alguna cuestión puntual en relación al tema del texto. De otro modo, si bien el fragmento puede mencionar la fuente y no constituir plagio, lo que se está haciendo es darle a leer a un lector el trabajo de otro, de alguien que previamente trabajó para que ese texto o idea o razonamiento exista, sin pagarle por el trabajo que desempeñó—, explica Pablo Slonimsqui, abogado especialista en derechos de autor.

* * *

"La casta tiene miedo" fue lo único que Milei y los suyos pudieron contestar frente a la consulta por los plagios. En privado, el entorno del diputado era aún más escueto ante las preguntas de *Noticias*. "No tenemos nada para agregar", decían.

De hecho, fue en este punto que el libertario tomó una decisión llamativa, que se la transmitió directamente a Jorge Fontevecchia, el fundador de *Perfil*. Nunca más habló, contestó un mensaje ni dio un reportaje con ningún medio de esa editorial, la misma razón por la que se negó a hablar para este libro.

Esto es curioso en dos sentidos. Primero porque el libertario parece desconocer uno de los pilares de la ideología que dice defender, el de la libertad de prensa, al elegir no hablar con medios que pueden llegar a publicar una investigación certera y precisa. Para Milei, quedó claro, solo existe el periodismo que le hace preguntas cómodas y fáciles de contestar.

Por el otro lado demostró que sus creencias varían según la conveniencia. Fontevecchia era el periodista al que más respetaba a nivel intelectual. De las 350 páginas del libro que presentó en la Feria con Canosa, 40 eran la transcripción textual de la entrevista que le hizo este periodista en septiembre del 2021. A él, además, le demostró una confianza que no tenía para con ningún otro de su gremio. Ni siquiera con su conductora preferida o con Fantino.

Es que fue solo con la moderación de Fontevecchia que Milei aceptó un debate, el único que dio en toda su era como político. Fue con Juan Grabois, cruce que terminó con el brutal sincericidio sobre el tráfico de órganos. Duró seis horas, pero solo porque el dirigente social así lo quiso. Milei había aceptado la propuesta original de Fontevecchia de hacer el debate en una provincia como Salta, y que no fuese solo una tarde sino durante tres días, incluyendo algún espacio para el ida y vuelta más personal y no solo el mediático.

Pero todo se desvaneció apenas *Noticias* publicó la realidad sobre sus plagios. Milei jamás volvió a hablar con *Perfil*, y de hecho, en un programa de Canosa, sentenció a Fontevecchia como parte de "la casta". La conductora, de más está aclarar, no le preguntó sobre las razones de ese giro tan sorpresivo.

Sin embargo, la autoritaria decisión del diputado, a quien finalmente lograron convencer de no hablar sobre el tema, tenía cierta lógica política. ¿Para qué lo iba a hacer? El curioso silencio mediático sobre la denuncia, la cantidad de entrevistas que dio desde entonces en canales amigos en las cuales ni una sola vez le preguntaron por el tema, hablaba a favor de esta postura. Fue un blanqueo de imagen a la que, incluso, contribuyó una universidad.

El 12 de diciembre de 2022 la Escuela Superior de Economía y Administración de Empresas (ESEADE) le otorgó a Milei el título de Doctorado Honoris Causa y Profesor Visitante, distinciones que suelen ser entregadas a personas destacadas en ámbitos profesionales y académicos. El nombramiento fue tan polémico que produjo la renuncia de otro economista de esa casa de estudios: Roberto Cachanosky, quien venía dando clases en la ESEADE desde 1981. "Considero que por esto la institución pierde seriedad y nivel académico, y yo tengo que cuidar mi nombre y mi prestigio. No pueden entregarle estos títulos a alguien que está probado que hizo plagio. Yo escribo desde 1985. Siempre se citan los autores: siempre. Si no, hacés plagio", declaró Cachanosky a *Noticias*, tajante, días después del acto honorífico que se llevó a cabo en ESEADE.

Sobre lo peculiar de premiar con semejantes distinciones a una persona que incurrió en "el control c – control v", la casa de estudios no dio respuestas. Es decir, que repitió la metodología de Milei. Quien le entregó el Doctorado a Milei fue Alberto Benegas Lynch (h), gestor, docente, y primer rector de ESEADE, uno de los intelectuales que más ha exaltado públicamente la figura del diputado libertario, calificándolo como "el segundo milagro argentino" después de Juan Bautista Alberdi. Los elogios son mutuos: en la ceremonia de entrega, Milei calificó a Benegas Lynch como "un prócer que sabe que es un prócer y actúa como tal". Por su parte, el presidente del Consejo de Administración de la ESEADE, Ricardo Greco Guiñazú, dijo en el acto que Milei "es el que mejor representa el ideario" de dicha institución.

Pero conteste o no el diputado liberal, el adalid de la defensa de los frutos del propio trabajo, los casos de plagio siguen brotando como flores que carecen de un perfume original. A principios de este año, el periodista y escritor argentino José Benegas reveló otros plagios perpetrados por el diputado. Esta vez, se trataba de un prólogo a la última edición del libro "4000 años de controles de precios y salarios" de Robert L. Schuettinger y Eamonn F. Butler (Unión Editorial). Milei había robado varios párrafos del viejo prólogo de la edición original del libro, el cual estaba a cargo de David Meiselman.

Lo realmente curioso es que tanto el prólogo original como el que copia Milei pueden leerse uno detrás del otro en la última edición del texto. Están literalmente pegados. Además, estos párrafos copiados por el diputado suceden dentro de un prólogo que tiene nada más que seis páginas. Es decir que Milei no se pudo tomar la molestia de ni siquiera escribir un pequeño prólogo. Quizás el hecho no hable solamente de la pereza o de la falta de ética del diputado, sino del desequilibrio emocional que viene narrando este libro. Es difícil de entender como alguien que quiere ser presidente deja un flanco abierto así por no crear —o por no pedirle a alguien que lo haga por él, como un ghostwriter— seis míseras páginas. El impacto que tuvo el plagio en la carrera del médico y escritor Jorge Bucay habla por sí mismo de los costos que trae hacerlo. En especial para un político en campaña.

Para Benegas el hecho de que la nota de *Noticias* no haya tenido mayor repercusión es una prueba del cerco mediático alrededor de Milei. "No se le hacen preguntas o repreguntas. En el caso de la nota sobre el plagio de *Pandenómics* es evidente". Es todo parte de un fenómeno extraño, que ocurre en el cruce del libertario (cuya presencia promete rating, repercusión en las redes, nuevos seguidores, etc) con el periodismo con el que suele interactuar. La prueba de que algo raro sucede ahí es lo que sucedió con su libro/robo. Siendo el plagio del diputado algo tan fácil de explicar y de mostrar —compáreselo, por ejemplo, a las dificultades de ilustrar al aire la llamada "Ruta del dinero K" o el funcionamiento de una offshore— ni una sola vez se lo hayan preguntado.

Unión Editorial prefirió no responder sobre el último plagio. Tampoco respondió Milei. El 17 de enero de 2023, a las 8:02 de la mañana, otro mensaje le llegó a su celular. Era otra vez Tomás Rodríguez. "Encontramos varios párrafos que copian textual el prólogo original del libro. Quería hablar con usted esto, ¿es posible?". Dos tildes turquesa fueron la única respuesta.

* * *

Algún anarquista osado podrá argumentar que la propiedad intelectual en realidad no existe, y que por tanto Milei no cometió delito alguno. Otros, como muchos de los que salieron a defenderlo en ese momento por las redes sociales —y que insultaron a Rodríguez y al autor de este libro— podrán afirmar hasta el cansancio que el libertario solo se "inspiró", lo que solo evidencia de que no leyeron la nota de *Noticias*.

Es verdad que los casos de plagio son complejos, y sus procesos judiciales a menudo plagados de subjetividades. Más de una vez pasó que seis peritos insistieran en que un trabajo no está plagiado y el juez opinara lo contrario, y viceversa. Y por supuesto que el debate filosófico, sobre si una idea puede o no ser robada y hasta qué punto, admite una serie de suculentos debates.

Pero todas esas consideraciones no son el eje del asunto. La cuestión es que un diputado nacional, uno de los principales referentes políticos del país, que construyó gran parte de su capital simbólico y político sobre los ejes de ser "una persona que sabe" en oposición a los "zurdos burros" y de ser "honesto", frente a "la casta que vive de lo ajeno, los políticos de mierda que roban el fruto del trabajo del otro", afirma ser alguien que no es. Afirma haber escrito y elaborado algo que ni escribió ni elaboró, apropiándose del trabajo de otras personas, mintiendo sobre sus capacidades intelectuales y sobre su estatura ética. Afirma que no roba, cuando robó. Afirma que sabe, cuando el hecho de no poder escribir ni un pequeño prólogo lo pone en seria duda. El hecho de que no haya dicho ni una sola palabra del tema desde mayo de 2022 solo lo confirma. El hombre aclaró hasta sus comentarios sobre temas tan insólitos como el tráfico de órganos y la venta de niños, pero de este asunto jamás dijo ni una mísera palabra.

Entonces, los que "tienen miedo", más que la casta, son los autores de textos académicos. El león anda al acecho. Y sabe usar el control C y el control V.

14

El negocio de la casta

—Javier, vos no tenés que aflojar. Vos podés ser presidente de este país. Y te digo una cosa: vas a ser mejor presidente que yo. Sos mi heredero —le dijo, con el acento riojano claro a pesar de sus 88 años.

Era mediados de 2019 y el Turco todavía se encontraba lúcido. Milei, entonces un miembro más de la fauna mediática local, estuvo varios meses haciendo lobby para conocer a quien considera "el mejor presidente de toda la historia".

Martín Menem, sobrino y hoy legislador de Milei en La Rioja, consiguió convencer a su familia de que aceptaran un mano a mano de media hora. Pero el tío se entusiasmó y el encuentro en el departamento de Belgrano se prolongó varias horas más.

El libertario se fue profundamente impresionado por ese cónclave. Y quizás lo que hizo luego fue hacerle honor al riojano, el político que con tal de llegar al poder prometió una cosa pero luego hizo algo bien distinto.

* * *

La alianza con Bussi en Tucumán en el arranque de 2022 no fue un hecho aislado.

Con Kikuchi al control, La Libertad Avanza se expandió por el país haciendo acuerdos con el tipo de dirigentes que Milei decía haber venido a combatir. Muchos de ellos eran viejos conocidos del "Chino" de los noventa, políticos residuales en sus provincias que, de manera más que sorpresiva, conseguían el apoyo de un candidato autoproclamado liberal y que crecía en todas las encuestas.

En Chubut cerraron una alianza con el empresario César Treffinger, que había dado el salto a la política por la suya en 2021. Esa era la época en la que surgió también el fenómeno libertario, al que el patagónico criticaba con dureza. "No coincido absolutamente en nada con Javier Milei, esa es la verdad, nuestras bases están fundadas en la justicia social. No soy libertario ni antiperonista. El Estado debe ser el impulsor del desarrollo", dijo en su primera campaña. Poco tiempo después se ve que cambió sus ideas.

En Trelew, la segunda ciudad más grande de esa provincia, Milei apoyó a Gustavo Mac Karthy. El padre de este, César, es un histórico del peronismo del lugar: fue intendente, diputado, senador y secretario de Energía durante la era de las privatizaciones del menemismo.

Gustavo fue toda la vida del PJ, partido por el cual él también llegó a ser intendente en dos oportunidades y luego vicegobernador de la provincia. Esto ocurrió durante el segundo mandato de Cristina Kirchner. Los elogios de Mac Karthy hijo hacia la expresidenta y las fotos junto a ella están al alcance de una búsqueda de Google. En internet también se pueden encontrar sus ideas peronistas durante los primeros años del Frente de Todos y las de su esposa, Florencia Papaiani. En 2021 ella fue la candidata de Alberto Fernández en Chubut.

En Río Negro apoyaron a Ariel Rivero, un político de larga data en esos pagos. Fue diputado provincial por el kirchnerismo en 2015, por el pichettismo en 2019 y por el peronismo en 2021. "El PJ hoy tiene una conducción kirchnerista y eso está bien, no es malo, pero yo soy peronista", dijo en aquella campaña, en la que solía usar citas del General en cada entrevista. Hoy es intendente de Campo Grande, y en marzo de 2022 protagonizó un pequeño escándalo: se escapó sin pagar de una YPF en Viedma. El video de su huida ante los playeros que lo querían detener se hizo viral en las redes.

En Neuquén el candidato de LLA fue el empresario mediático Carlos Eguía, que en 2021 había competido por la Coalición Cívica. De hecho, hasta octubre de 2022 era una de las voces fuertes de Juntos por el Cambio en la provincia, aunque tenía sus resistencias: sus adversarios internos apuntaban a la millonaria pauta que recibían sus medios de parte del oficialismo local, el Movimiento Popular Neuqino.

Eguía, de un día para el otro, pegó el portazo y se fue con Milei. En el trajín de esa campaña sucedió algo insólito. En febrero de 2023 anunció en su programa de radio que retiraba su candidatura y dijo que la política "era una mierda". Entre las razones que expuso había una llamativa: la negativa que le habían dado sus aliados provinciales a la idea de poner a su hijo homónimo como candidato a diputado. "Y eso que a Carlitos no le importan los cargos como me importan a mí", contó. Eguía sacó 7,98% en las votaciones a gobernador, un resultado pobre pero que en Neuquén capital significó conseguir cinco concejales. Entre ellos estaba Joaquín Eguía, otro hijo de Carlos.

En Misiones Kikuchi y Milei cerraron con Ninfa Alvarenga. Ella compitió en 2021 por su cuenta, campaña en la que se presentó como una "evangélica cristiana, que pone a la familia en el centro" que venía a combatir a los "progres culposos". La dirigente, de hecho, tiene aceitadas relaciones con la comunidad evangélica. Algunos en LLA aseguran que ella acercó a varios popes de ese mundo y a sus bolsillos.

Alvarenga trabaja para el ministerio de Coordinación General de Gabinete de Misiones desde febrero de 2012. Por este empleo es que en sus pagos la vinculan con el histórico mandamás de la provincia, el exgobernador Carlos Rovira. Es una acusación que Alvarenga niega, pero que alguna fibra toca. "Nos causa molestia y vergüenza, porque nuestro nombre está afectado", dijo sobre su candidatura Guillermo Orsat, el presidente del Partido Libertario de Misiones, espacio que no la apoyó. Juan Carlos Pacheco, referente del PL en la ciudad de Oberá, fue aún más crudo. "Milei acordó con Rovira a través de su mascarón de proa Alvarenga. Es una enorme decepción para muchos liberales que habíamos apoyado a Milei. No se puede ser libertario en un canal de TV en Buenos Aires y luego en Tucumán estar con Bussi, en La Rioja con Menem y en Misiones con Rovira", dijo.

Hay dos episodios curiosos en el paso de Alvarenga por el frente de Milei. Uno es el que reveló el influencer Maslatón, que subió a su cuenta de Twitter captura de pantallas de conversaciones donde aparecía la misionera pidiéndole dinero en 2021. Fue un guante que ella recogió y que abrió una larga discusión. Ese debate terminó cuando el abogado le dijo que estaba cansado de "la garronera crónica que invoca a Dios y que me mandaba al hijo a buscar plata a casa". La evangélica dejó de contestar después de ese mensaje.

El otro dato llamativo es lo que sucedió el 8 de abril de 2023, a menos de un mes de las votaciones en Misiones. Ese día Alvarenga publicó un curioso comunicado donde "renunciaba" a participar de las elecciones, algo que a nivel práctico era imposible: el Tribunal Electoral de la provincia ya había dado por válida su candidatura y el Estado ya le había girado la plata para participar. Quizás tuviera que ver con el miedo a la pobre performance electoral que le auguraban las encuestas y que se terminó confirmando. Alvarenga consiguió 3315 votos, apenas el 0,5%.

No sería ella la única dirigente con "valores de la familia" que Milei apoyaría a nivel nacional. En Entre Ríos el libertario fue con otra política de trayectoria zigzagueante, Miriam Muller, una "defensora pro vida" conocida en esos pagos. Ella salió del PRO, hasta que en 2019 se sumó al NOS, el partido de Gómez Centurión. Pero en 2023 Muller le soltaría la mano al carapintada y se cambiaría de bando. Fue este traspaso uno de los motivos de la ruptura entre Gómez Centurión y Milei.

En San Juan el economista cerró con una dirigente de larguísima trayectoria en la política. Su alianza con Nancy Avelín, de hecho, fue junto con la de Bussi los acuerdos que más ruido generaron dentro de la militancia libertaria.

Es que ella perfectamente podría encajar en lo que Milei llama "la casta". Asumió por primera vez como diputada distrital en 1991 y después fue diputada nacional, senadora y dos veces candidata a gobernadora por Cruzada Renovadora. Ese es el partido que hace seis décadas fundó su padre Alfredo, que venía del radicalismo y que, entre otros cargos, fue gobernador.

En esta provincia sucedió un hecho algo desagradable. Apenas se conoció el acuerdo con Avelín el Partido Libertario local se opuso al acuerdo. Su presidenta, Yolanda Agüero, fue la que llevó la voz cantante contra la alianza. En noviembre de 2022 Milei y los suyos fueron a visitar la provincia para apoyar a su candidata. Y en una recorrida la situación escaló. Lilia Lemoine, la maquilladora del libertario, vio a Agüero en la marcha y explotó de bronca. En el video que luego se viralizó se ve como la va a buscar, la increpa, le grita, la empuja y hasta tira unos manotazos al aire.

En San Luis Milei también cerró con otro exponente de "la casta". El candidato a gobernador fue Bartolomé Abdala, que fue ministro de Rodriguéz Sáa. Luego se pasó al PRO. Llegó ser presidente del partido amarillo en este suelo, legislador y candidato a diputado nacional en 2019. La llegada de Abdala al libertarismo no fue por un proceso interno de cambio o por la lectura de los libros de Rotbhard: fue culpa de Patricia Bullrich. La exmontonera que fue ministra de Seguridad en el gobierno de la Alianza, luego de la entronización como presidenta del PRO, intervino con fuerza en varias provincias. Una de ellas fue San Luis, donde corrió a Abdala y puso a una persona de su confianza como reemplazo. Este, huérfano de apoyos, buscó a Milei.

Ese acuerdo causó una dura reacción del Partido Libertario puntano. "Lamentablemente, los asesores de Milei —que evidentemente desconoce la realidad de la provincia y no consultó con las bases libertarias locales— optaron por aliarse con Abdala, un personaje de la política que lejos está de representar las ideas de la libertad y muy cerca está de la forma en la que se maneja 'la casta', el feudo que actualmente gobierna la provincia. Los libertarios jamás estaremos con gente que apoyó y que fue funcional a los Rodríguez Sáa", dijeron en un comunicado.

En Mendoza trabaron un acuerdo con el Partido Demócrata. Ahí la cara visible es Mercedes Llano, la hija de Gabriel, uno de los "dueños" del espacio que fue diputado nacional.

En 2010 ella se convirtió en concejala de Godoy Cruz por el Partido Demócrata. En 2019 llegó a ser diputada provincial colgada en la lista de Rodolfo Suárez, el candidato radical de Cambiemos de aquel momento. En 2021 abandonó ese frente para hacer una alianza con la Coalición Cívica, que duró hasta que llegó el acuerdo con Milei.

Unión Popular es otro partido con el que LLA trabó un acuerdo en Mendoza. Su líder es Jorge Difonso, un veterano de la política: fue intendente de San Carlos durante doce años y en 2019 asumió como legislador provincial. Históricamente cercano a Sergio Massa —"un saludo amigo, confío en tus cualidades y en tu capacidad de sacar el país adelante", subió a Twitter cuando el tigrense se convirtió en ministro de Economía—, hoy aparece dentro del armado del libertario.

En Salta Milei coqueteó con Alfredo Olmedo, a quien conoce de los sets televisivos. De hecho, el episodio donde el economista perdió la compostura y atacó con violencia a una periodista (ver capítulo "Hay que cortarle la cabeza") fue en una charla junto a él.

Este dirigente es famoso por su campera amarilla, por sus frases reaccionarias del estilo "tengo la mente cerrada y la cola también" y por su ondulante recorrido en la política. Fue aliado del PRO, de Massa, del radicalismo y del cordobés Juan Manuel de la Sota, acuerdos con los que logró ser senador provincial, dos veces diputado nacional, candidato a vicegobernador y dos veces a gobernador.

En La Rioja su candidato fue Martín Menem, el hijo de Eduardo, quien fuera 22 años senador y sigue siendo un hombre fuerte en esa provincia. El sobrino de Carlos Saúl, que nunca había hecho política, sacó casi 16% en la provincia y logró colar 9 concejales. No fue lo único que consiguieron los Menem de la mano de Milei.

Para la campaña de 2021, el libertario contrató a Tech Security SRL, por "servicios de seguridad y vigilancia". Fue un trabajo por el que pagaron $211.750, con la plata que le dio el Estado para la campaña. Esta empresa, fundada en 2005 y que suele trabajar para el gobierno porteño, pertenece a Fernando Nicolás Menem. Este es el hermano menor de Martín, con el que comparten la sociedad de empresas como PGC SRL, Golf Management SA y Mimada SA.

En Buenos Aires la trama política se pone más espesa. Acá Kikuchi cuenta con un operador de larga data en la rosca bonaerense. Es Sebastían Pareja, secretario de Menem en su segundo mandato, funcionario de Cambiemos durante el gobierno de Macri y armador histórico de Emilio Monzó.

Entre ambos cerraron los siguientes postulantes: Osvaldo Marasco en Ituzaingó, que había sido candidato a intendente por Cambiemos en 2015, Verónica Vidal en Tigre y Eduardo Varela en Merlo, ambos concejales de Juntos por el Cambio hasta que dieron el salto a comienzos de 2023, Ramón Vera en Moreno, lugar en el que había sido candidato a intendente por el Frente de Todos en 2019, Alejandro Carrancio en Mar del Plata, un histórico del Frente Renovador que luego dio el salto al PRO, Carolina Píparo, legisladora provincial por Cambiemos en 2017 y diputada en 2021 con Espert, y Juan Osaba, exsecretario municipal del intendente cambiemista Julio Garro, en La Plata, y Alejandro Riveros en Pinamar, un hombre que se hizo famoso en la costa bonaerense por su perfil agresivo: fue el que organizó la "pueblada" de vecinos que impidió la entrada a cualquier persona a la ciudad en los días en que llegó el Covid y un violento escrache contra el intendente Martín Yeza.

A nivel nacional, LLA se alió con partidos de larga trayectoria. Uno fue "Unión Celeste y Blanco", un "sello de goma" que se alquila al mejor postor. Este espacio estuvo siempre cerca del peronismo. En 2009 llevó a Francisco de Narváez de candidato, en 2015 fue con Massa y en 2019 con Lavagna. Su presidente, Fabián Luaysa, trabaja para el gobierno bonaerense de Kicillof desde enero de 2021.

También trabaron una alianza con el partido "Acción por una democracia nueva, ADN". Lo preside José Asad Peluc, de pasado de diputado provincial y muy cercano a Sergio Massa. Fue parte del Frente Renovador y en 2015 militó con fuerza para llevar al tigrense a la presidencia. Peluc luego fue funcionario del gobernador peronista Sergio Uñac.

* * *

¿Por qué Milei y Kikuchi abrazaron a candidatos que nada tenían que ver con lo que La Libertad Avanza decía ser?

El libertario y sus armadores se justificaban diciendo que eran el mal menor necesario. Que para un frente que no había competido nunca a nivel nacional era inevitable tener que bajar las pretensiones morales. Decían que necesitaban aliados en las provincias que estuvieran capacitados para competir, que tuvieran los medios, la personería y el dinero suficientes para afrontar las campañas, que garantizaran un mínimo de votos y que fueran la base territorial para la posterior elección nacional. Y que no había otra opción.

Pero lo que ya se contó sobre el potencial electoral que tenía el Partido Libertario prueban que esta tesis es una mentira lisa y llana. Este espacio llegó a tener juntas promotoras —el paso previo a ser reconocido como un partido oficial por la Justicia— en 18 provincias para el arranque de 2022. Era, además, la opción más lógica a nivel político, la que incluía a los militantes convencidos que iban a fiscalizar hasta el último voto, la alternativa que recomendaban seguir no solo los convencidos de a pie sino también los estrategas profesionales como Mario Russo.

No deja de ser curioso. Milei, que antes de lanzarse a la política había aceptado ser el presidente honorífico del PL en Capital, no hizo luego ni un gesto real para empujar su crecimiento. De hecho, estuvo más cerca de hacer lo contrario, casi como si a propósito quisiera frenar el desarrollo del único espacio en el país que comparte su ideología. Adrede o no, fue exactamente eso que pasó.

Al Partido Libertario se lo sacaron de encima. Los únicos que quedaron dentro del armado fueron tres. Uno fue el de Capital, que está siendo investigado por la Justicia por las afiliaciones truchas y que controla Emma, el secretario de Milei en Diputados. Los otros son el de La Rioja, que domina Menem, y el de San Juan. Este último caso es singular: aunque originalmente había criticado con mucha dureza la alianza con Avelín, por lo que luego su presidenta Agüero terminó siendo linchada, sobre la hora cedió a sus ideas, enrolló la bandera y arregló con Kikuchi.

El PL de algunos distritos se fue solo, cuando vieron las alianzas que estaba haciendo Milei. En otros casos se lo sacaron de encima de mala manera.

Eduardo Albo, que estaba al frente del PL en Tucumán, recuerda la conversación y los modos de Kikuchi cuando este le comunicó en el hall de un hotel que iban a arreglar con Bussi. "Pero ese tipo es lo más casta que hay", le retrucó Albo, un comentario que al operador poco pareció importarle, a pesar de que el libertario le había enviado antes de la reunión una carpeta con el prontuario del nuevo aliado. De hecho, según narra, el único motivo por el que se acercó el monje negro fue para exigirle que el PL no asistiera al primer acto de Milei junto al hijo del militar.

Hay algo llamativo. En el Luna Park, en la campaña de 2021, un reciclado puntero bonaerense de nombre Jorge Cusanelli impidió a los libertarios entrar con sus banderas al estadio. Un año después, era otro oxidado operador peronista el que quería evitar que los libertarios fueran al acto en Tucumán. La historia se repetía, pero ahora casi como una burla.

¿Hasta dónde podría haber llegado el Partido Libertario si el economista y los suyos se lo hubieran propuesto? ¿Si Milei se hubiera puesto a la cabeza del espacio que estaba listo para seguirlo adonde fuera? ¿Si le hubieran dado un envión a las ganas de miles de jóvenes como el santafesino Gastón? Son dudas que, además, vale la pena compararlas con el caso del propio economista. Si él crecía tanto en las encuestas, la prueba de que había un fenómeno global con la nueva derecha sucediendo, ¿por qué no podría haber tenido un correlato similar el partido que llevaba su misma bandera?

Maslatón calcula que podría haber llegado hasta los 100 mil militantes en toda Argentina, un número que suena exagerado pero que habla del terreno fértil que había para el desarrollo.

—Milei, Karina y Kikuchi reemplazaron a la militancia liberal por la creación de un sistema de franquicias pagas, otorgadas a los peores delincuentes de la corrupción política. Había gente suficiente para presentarse en todos lados, solo había que organizar a la militancia y formarla para una elección. En cambio, privilegiaron la venta de candidaturas por plata y arreglaron con delincuentes por sobre el armado político real. ¿Por qué se corrompieron?—, se pregunta el abogado.

Habla de algo que es vox populi en la política en general y en el liberalismo en particular. Lo que contaba la fuente que unos minutos antes de que este libro se imprimiera se arrepintió y pidió pasar su testimonio al off the record. Algo que explica el poder que concentró Kikuchi, un operador de la política residual que conocía a los de su calaña. Algo que se evidencia cuando se estudia cómo se corrió sistemáticamente al Partido Libertario para poner en su lugar a políticos que tenían 30 años en el Estado y que venían del peronismo, del radicalismo o de familias que se hicieron famosas por crímenes militares: que los lugares en el armado nacional estuvieron a la venta para el mejor postor, de la misma manera que en el 2021 se habían loteado los cargos para la Legislatura porteña.

Mila Zurbriggen, de pésima relación con Maslatón, coincide con él en este punto. "En una reunión con Kikuchi me dijo que los lugares los iban a ocupar los que pusieran más plata. Los pibes de cada provincia me pasan el mismo reporte: 'nos corrieron por plata'. Es mentira que haya algo nuevo en este frente. Javier es una persona que no escucha y que traicionó a su gente más leal por plata y gente sucia", cuenta la que era presidenta de la juventud libertaria, que se fue de LLA denunciando estos arreglos y supuestos "favores sexuales" hacia dentro del armado.

—El espacio pagó el precio de haberse llenado de marginales cuyo único fin era morder una porción de la torta—, sostiene el influencer Emmanuel Dannan.

Un militante del Partido Libertario, de los que fue expulsado, jura que en un encuentro con Kikuchi en una provincia le dijeron lo mismo. "Es que con ustedes no se puede negociar", cuenta que fue la frase del monje negro, algo que lo dejó al borde del shock. Tenía sentido: había escuchado decenas de veces a Milei sostener que con "la casta" no había que negociar nada.

* * *

—¿Vos le cobras a tus militantes para ir a un acto en el interior?—, le preguntaron a Milei en A24.
—¿Vos querés que yo vaya a un lugar? Armá todo y yo voy. Tenés que buscar la forma en que podamos ir.

La lógica que predominó en el economista y en Kikuchi a la hora de expandirse por el país fue una: la del dinero. De los nuevos aliados no importaba el prontuario, el hecho de que nunca hayan pasado ni cerca de un libro de Rothbard, o la larga historia que tenían como "funcionales" —en palabras del supremo tucumano Leiva— del poder de turno.

Hay que tener en cuenta, primero, que una campaña nacional sale un dineral. Para tener una referencia, el periodista Hugo Alconada Mon calculó que la de 2015 de Scioli y Macri costaron U\$S100 millones. Es una fortuna, que se suele afrontar con contribuciones de grandes empresarios. Y en este mundo el libertario genera desconfianza, o al menos eso pareció por las frías reacciones que recibió de parte de los popes del círculo rojo en el Foro de Llao Llao y en la reunión de la Cámara de Comercio de Estados Unidos (Amcham) en la previa de las elecciones de 2023.

Quizás por eso es que La Libertad Avanza desarrolló otro mecanismo de recaudación.

Todas las denuncias sobre esta modalidad hablan de un mismo sistema. Quien quería ser candidato de LLA debía hacer un pago (50 mil dólares es lo que decía la fuente calificada) que iba directo a la "Corona". Eso compraba el apoyo público de Milei y alguna visita ocasional a la provincia. Y nada más que eso: los militantes, los fiscalizadores, la papelería, los spots, el diseño de la estrategia, absolutamente todos los desembolsos de una campaña y hasta los viajes del libertario y de su séquito a cada provincia corrían por cuenta de cada postulante.

Todos estos gastos, más el adelanto, terminaban saliendo una verdadera fortuna. ¿Podían candidatos como Bussi, Eguía, Treffinger, Rivero, por nombrar algunos, pagar todo eso?

Quizás la respuesta no esté en lo que sucedía hacia el interior de La Libertad Avanza. Sino en lo que pasaba afuera. Es que el grueso de la política tomó esta práctica como cierta, escuchó el rumor de que con dinero se podía incidir en el armado nacional de Milei y actuó en consecuencia.

En el primer acto en Tucumán del libertario con Bussi, en octubre de 2022, más de cincuenta colectivos llegaron con gente que llenó la plaza principal. Los que bajaban de los micros recibían dos mil pesos y una vianda. En las redes están los videos que muestran esta larguísima fila de coches. Un ladero de Juan Luis Manzur, hombre fuerte en Tucumán y exgobernador, lo confirma. "Los micros los pusimos nosotros. Teníamos que hacer crecer a Bussi para sacarle votos a Juntos por el Cambio".

Esta última frase echa luz sobre la lógica que se repitió en los apoyos que distintos peronismos provinciales le dieron a Milei y a sus aliados. Pero en algunos lados el experimento fue distinto. A fines de 2022 empezó a correr entre los intendentes K del conurbano un "talonario" que ensayaba las cuentas de cuánto saldría "crear" un candidato de Milei en cada uno de sus distritos. La idea era siempre la misma: hacer crecer una opción libertaria que le pudiera sacar músculo a Cambiemos, en elecciones donde no hay ballotage y en las que un voto puede definir el resultado.

En una de las provincias del noreste del país, de esas que controlan las mismas personas desde hace décadas, a uno de los pocos liberales conocidos de la zona se le acercaron enviados tanto del gobernador como del intendente de la capital.

—Varias veces me vinieron a ver, porque acá no hay casi liberales. Me ofrecían pagarme, darme el sello y armarme toda la estructura: los stands, los fiscalizadores, la publicidad, la cartelería, todo. Y a mí me dijeron que "ponga los ceros" de lo que quería cobrar. Yo solo tenía que aceptar y ser el candidato de Milei.

En Misiones, la tierra de Alvarenga, también corrió el mismo rumor. Acá había algo bien tangible para sostener las sospechas: en Posadas, a mitad del 2022, aparecieron inmensos carteles de "el león" en la Costanera, una de las zonas más caras de la ciudad. En esa zona también abrieron un local partidario de LLA, en un lugar que antes era un bar y que contaba con todas las comodidades. Una fuente del armado nacional confirma, además, que en varias recorridas por el interior recibieron un guiño de Gendarmería, una fuerza de seguridad nacional, para cuidar a Milei. Cada gendarme costaba $15 mil. En algunos lugares llegaron a contratar hasta 80 uniformados.

Hay una pregunta, entonces, que se impone. ¿Alguno de los candidatos que Milei presentó como suyos fueron una creación de los peronismos locales? ¿Lo que se presentaba como nuevo era en verdad el último manotazo de ahogado de una dirigencia política que venía en caída? ¿Es Milei, el hombre que dice venir a destruir las viejas prácticas, la última esperanza de la casta?

Es cierto que lo que Milei hizo para consolidar su armado nacional no es muy distinto de lo que hacen otros partidos. También es cierto que es debatible que si lo mejor para la instalación de su figura era el original Partido Libertario o si la inexperiencia de sus miembros y la falta de estructura y recursos lo volvían ineficiente para competir.

En cualquier caso, lo que sus críticos señalan y lo que el propio mileismo acepta, confirma que el partido de la anticasta se diferencia muy poco de las alianzas y métodos habituales de la política tradicional.

* * *

Estos temas no eran, sin embargo, los únicos que llamaban la atención en el mundo Milei en la previa de las elecciones nacionales.

Otro era la seguridad. Aunque el libertario ya había hecho parte de su rutina el uso de chaleco antibala para sus discursos, dentro de su armado había varios interrogantes sobre las capacidades de quienes velaban por él. Durante la campaña en Córdoba, en el 2021, el cerco para protegerlo había salido mal y una bengala casi le prende fuego el pelo y terminó quemando un costado de su camisa.

En su círculo las miradas iban hacia su jefe de seguridad. Jonathan Ezequiel Salerno es quien cuida al libertario desde su primera elección y quien lo acompaña por todo el país. Se lo puede ver en cada acto detrás del líder de LLA: alto, pelo de corte militar, cara de pocos amigos y una barba candado. Tiene otra particularidad: una condena en suspenso por pedir coimas. El Tribunal Oral en lo Criminal y Correccional N° 17 lo encontró culpable en el 2014 por un soborno cuando trabajaba como inspector en la Dirección General Inspección de Higiene Urbana del gobierno porteño. Según falló el jurado en primera instancia, en el 2008 Salerno exigió una coima a cambio de no clausurar un local de la empresa Plastifierro Tubos SA. por considerarlo coautor del "delito de concusión agravada por el empleo de intimidación" lo condenaron a un año y seis meses de prisión.

Y acá se abre otra duda. ¿Cómo es que Salerno, con una condena encima, anda armado en los eventos que cuida a Milei? Varios ojos en el armado se posan sobre él.

Otros interrogantes los abrió el propio Eduardo Eurnekian. Sobre la relación de Milei con su histórico empleado ya había cierto misterio desde que dio el salto a la política.

La campaña de 2021 agigantó el enigma. Varios empresarios cuentan que era Nicolás Posse, Gerente General de toda la región sur de AA2000, el nexo para llegar a ponerle dinero al libertario. "Nicolás fue el fundraiser, el que pasaba la gorra para Javier", cuenta un hombre que participó de la operación. En la campaña confirman haber visto a Posse en los actos. ¿Lo mandó Eurnekian como gesto de apoyo? ¿O Posse, cercano a Milei, fue por interés personal?

Luego del tremendo debut electoral de Milei el misterio crecería. Y lo haría por boca del propio megaempresario. Un célebre amigo suyo jura que almorzó con él a principios de 2023 y que este le contó no solo que lo iba a votar sino que "lo sigue bancando", que le seguiría pagando un aporte económico a modo de informal sueldo. Es una idea que sostiene también alguien que estuvo en la primera campaña. "Por lo menos tres veces acompañé a Javier a verlo a Eurnekian. Volvía al auto con sobres".

El dinero es un tema sensible en la órbita del libertario. Es que hay un gran misterio acerca de cómo se mantiene. Él renunció a su trabajo como gerente de Eurnekian el 9 de diciembre del 2021, horas antes de asumir su banca. Desde entonces —como publicita cada vez que lo hace— "dona" el sueldo que recibe como diputado. Entonces, ¿de qué vive? ¿cómo paga el alquiler del country en Benavídez? ¿Cómo le da de comer a los clones de Conan, que pesan 100 kilos?

Una explicación es el dinero que recauda por cenas o encuentros privados. Según su círculo, cuesta de tres a diez mil dólares sentarse a escucharlo. ¿Milei vivirá de lo que recauda en estas comidas? ¿"Regala" su salario gracias a lo que cobra por estos encuentros? De cualquier manera, ninguno de estos ingresos estaría declarado. Como muchas cosas en la órbita del libertario, su patrimonio es todo menos transparente.

Fue desde este mundo gris, lleno de operadores oxidados y dirigentes recauchutados, desde donde el economista llegó a la elección presidencial de 2023. Lo que había de liberal o de novedoso fue sistemáticamente barrido antes de que llegara el momento de ir a las urnas.

Flota, entonces, una pregunta. La última de todas. ¿Será esta la primera de muchas elecciones de Milei?

15

¿Por qué?

Daniel Scioli se sorprendió. Estaba en la casa de Lula Da Silva, en calidad de embajador argentino en Brasil. La misión que tenía, además de hacer gala de sus dotes de buen conversador, era averiguar si al histórico dirigente carioca le quedaban ganas de buscar la revancha en el 2022. Si quería volver a ser presidente. De hecho, en eso estaba cuando el brasileño lo interrumpió para cambiarle por completo el tema.

—Daniel, ¿me podrías explicar el fenómeno Milei? ¿Qué pasa con él en Argentina?—, le preguntó el anfitrión, en un español rústico.

El otrora motonauta recogió el guante y le dijo que era alguien que "estaba entusiasmando a la juventud". Esa es una reflexión que Scioli luego importaría para intentar convencer al resto del Frente de Todos de que había que tomar al libertario con más seriedad.

La reunión sucedió poco después de las elecciones del 2021. Al fundador del PT el caso argentino le había llamado la atención. Tenía sentido: su rival por el control del Palacio del Planalto, Jair Bolsonaro, le tiraba guiños y puentes al economista por las redes. Esa buena sintonía llegaría al punto tal de que al año siguiente su hijo, Eduardo, terminaría reunido y a los abrazos con el libertario en Buenos Aires.

—Daniel, ¿me podrás mandar un discurso de ese tal Milei, pero traducido al portugués? Me interesa. Creo que tiene chances de llegar a la Presidencia.

* * *

Javier Milei es muchas cosas. Y tiene muchas caras.

Es el niño que nunca recibió amor de sus padres. Es el arquero temerario de Chacarita que se animaba hasta a salir jugando del área con la pelota. Es el adolescente del Copello que bailaba como Jagger en los recreos. Es el rockero frustrado que nunca pudo ser. Es el economista que luego se convirtió en profesor. Es el intelectual que plagia y roba trabajos de otros autores. Es la estrella mediática que hizo estragos en el rating. Es el que llegó a la televisión con al apoyo de su multimillonario jefe. Es el que se hizo una fama tal que lo llevó a liderar un partido que lo quiere de presidente. Es el que odia a la casta pero hace arreglos con la casta. Es el que se llama libertario. Es el que le abre la puerta a apologistas de la última dictadura. Es el fondo de pantalla de teléfono de centenares de jóvenes. Es el que le quita el sueño al PRO y al kirchnerismo. Es quien nunca supo tener diálogos reales con los que lo rodeaban, y por eso es alguien al que siempre le costó tener amigos y pareja. Es un hombre solo y sin hijos. Es el padre dolido de Conan, que lo extraña tanto que lo mandó a clonar. Es el confidente de la medium Melamed, que le enseñó a hacer telepatía con los clones y con su perro muerto. Es el que habla con el "número UNO". Es el que está embarcado en una "misión" divina.

Milei tiene decenas de rostros. Cuál de todos ellos es el verdadero y cuál usa solo por conveniencia depende del cristal con el que se lo mire. Quizás es todos a la vez, lo que podría explicar el caos emocional en el que vive desde hace 52 años.

Pero todo esto no sería relevante si no fuera por un detalle nada menor: miles y miles de personas lo votan. La duda no es quién es, ni cuál de todas sus caras es la verdadera, sino que la gran pregunta es la misma que se hacía Lula.

¿Por qué tiene éxito "el fenómeno Milei"? ¿Por qué funciona?

* * *

Joaquín de la Torre, que fue intendente de San Miguel y ministro del gobierno bonaerense de Vidal, dice que fue en la calle donde se dio cuenta de que algo estaba cambiando. Que una placa tectónica de la política y de la sociedad argentina había empezado a moverse. Fue en las primeras semanas del 2021. La pandemia todavía azotaba al país y en el conurbano, a cargo de la gestión de Axel Kicillof, había restricciones a la movilidad. La Ciudad que comandaba Larreta estaba aún en una línea parecida. La jefatura del gobierno porteño se debatía sobre si volver con las clases o no.

De la Torre mantuvo en esos días veinte reuniones distintas en casas de familias trabajadoras y humildes. La modalidad era la misma en todas. Diez personas por hogar, cinco minutos de charla para cada uno.

> —En ninguna de las veinte reuniones, ni una sola vez, la gente me habló del Covid. Todos, absolutamente todos, se quejaban de no poder mandar a sus hijos al colegio o de la falta de laburo. No salía de eso.

El fenómeno Milei tiene varias aristas, pero hay un hecho ineludible. Tiene que ver con el momento y el lugar de la historia en el que emergió. La Libertad Avanza nació en la Capital Federal a mediados del 2021. Apareció en un país pandémico, con 130 mil muertos, una economía en crisis y un gobierno ineficiente que sucedía a otro igual o peor. Y en ese contexto, como revela la anécdota de De la Torre, muchas personas, con razón o no, sentían que los políticos vivían otra realidad. Que hablaban otro idioma.

De la Torre siguió con atención este fenómeno. Tanto que pasó de ser el creador material de la frase "la ancha avenida del medio", en la época en la que fundó el massista Frente Renovador, a transformarse en primera línea de los halcones del PRO —"basta de todes", es su nuevo slogan—. Y él pone como piedra fundacional la pandemia y sus efectos.

> —Fue el punto uno. Hubo una pandemia que tuvo a la política, de Provincia, Ciudad y Nación, tomando las mismas medidas de encierro. Y tomaron medidas parecidas a las que tomó la China comunista. Copiamos la forma que China tenía para

combatir la enfermedad sin entender que ese es un país comunista y que en Occidente se vive de una manera muy distinta. Y ahí hay un punto central: la pandemia, el encierro, y las ganas de libertad—, dice De la Torre, desde su búnker de campaña, rodeado de carteles con su cara y con slogans como "defiendo los valores cristianos" y "hay que poner orden".

Esta tesis no la sostienen solo de ese lado de la grieta. Desde su despacho de director del diario *Le Monde Diplomatique*, José Natanson, autor de *¿Por qué? La rápida agonía de la Argentina kirchnerista y la brutal eficacia de la nueva derecha*, coincide en los efectos sociopolíticos de la cuarentena.

—Todavía no terminamos de entender hasta qué punto la pandemia rompió la sociedad, rompió lazos, matrimonios, vínculos, amistades. Un montón de micro historias que las sumás y te da que la sociedad cambió mucho subterráneamente. Es que nos encerraron de verdad. Yo lo escribí y me re putearon, dije que había que hacer algo con los adolescentes porque se destruía todo. Un tipo de quince, dieciséis años, que tenía una novia, la veía dos o tres veces por semana y de la nada por cinco o seis meses nada, ¿qué pensás que va a pasar con ese pibe? ¡Te va a odiar! Y Milei es la expresión de eso, de sociedades que están muy rotas.

Es imposible separar la pandemia del surgimiento de La Libertad Avanza. No solo por el caldo de cultivo social, sino por la relación que se tejió entre los futuros votantes de ese espacio y los que luego fueron sus principales referentes.

Milei estuvo entre los primeros que llamó a militar contra las medidas sanitarias. Desde sus redes sociales tildaba a las restricciones de "infectadura criminal" —un término que inventó el influencer Franco Rinaldi, que en el 2021 terminaría en la lista de López Murphy—, y apoyó la marcha #BastaDeCuarentena. Esa movilización fue la primera que hubo, el 25 de mayo de 2020, a dos meses de iniciada la pandemia. Concentró alrededor de 200 personas en la Plaza de Mayo y fue también la fecha de fundación de "Nueva

Centro Derecha", uno de los espacios que convocaron a salir a protestar. Esa organización tenía entre sus miembros originales a Marcelo Carrol, un hombre cercano a Sabag Montiel, el autor del intento de asesinato a Cristina Kirchner.

Entre las caras visibles de la resistencia a las medidas estaban también quienes serían luego los popes del armado del libertario: los influencers Carlos Maslatón, Emmanuel Danann, y "El Presto", entre otros. No solo iban a las marchas. También desde sus redes con decenas de miles de seguidores ayudaron a crear el corpus ideológico de la resistencia, como la idea de la defensa de las garantías constitucionales, el rechazo a la obligatoriedad de la vacuna, del barbijo y del distanciamiento social, la bronca contra el relato oficial que apoyaba las medidas, entre otras.

Esas posturas, además, se retroalimentaban con su público y hacía crecer sus figuras. Aunque hay varios, el caso de Maslatón es el más claro. Si bien el abogado era conocido por una parte del mundo de las redes, su temprana militancia —"fui el primero, antes que Trump o Bolsonaro"— contra la cuarentena catapultó su figura a nivel nacional. "El coronavirus es un fraude instaurado por la dictadura maoísta de Alberto Fernández", decía Maslatón, y llamaba a la resistencia "barrani": ir a consumir a lugares clandestinos como a los que él iba, desde donde subía fotos comiendo para provocar la indignación social. A mediados del 2020 empezó a ser entrevistado por los canales de televisión del prime time —donde sacaba de quicio a periodistas y panelistas— y para agosto fue por primera vez Trending Topic en Twitter.

Los liberales se ponían de moda y también, como mero reflejo social ante el encierro, el concepto de la "libertad". La resistencia contra las medidas sanitarias no solo afianzó algunos liderazgos, sino que vio surgir otros. Agustín Rojas, un formoseño de 20 años, alcanzó el estrellato entre estos jóvenes cuando salió a protestar en plena segunda ola y fue detenido por la policía de Gildo Insfrán. Seis meses después Milei viajó para reunirse con él en su provincia, y el joven estuvo a punto de ser candidato en el 2023.

La temprana militancia contra la cuarentena de los liberales tendría luego sus frutos políticos. Y tenía sentido: en el día 200 de las restricciones, el 12 de octubre, fue el primero, según la consultora Poliarquía —que medía semana a semana esta evolución—, en donde una mayor cantidad de gente (47%) desaprobó la cuarentena, frente a un 43% que la seguía apoyando. Con el tiempo esa distancia solo crecería, algo que también empezaron a notar los halcones del PRO. Tanto Bullrich como Macri intentaron también subirse a la ola de la resistencia. La presidenta del PRO empezó a ir las marchas, y el exmandatario a quejarse de la "falta de libertades" en las entrevistas. La idea de capitalizar el descontento contra las medidas sanitarias no se daría solo en Argentina. "Pasó en Brasil también. Muchos comerciantes lo votaron a Bolsonaro porque él no quería cerrar todo por la pandemia", puntualiza el sociólogo Ariel Goldstein, autor de *Bolsonaro, la democracia de Brasil en peligro* y *La reconquista autoritaria*.

Milei también intentaría dejar asentado su mensaje. El 30 de septiembre el libertario publicaría *Pandenomics*. Era un libro que minimizaba el impacto del Covid, que tenía duras críticas a las medidas sanitarias y que además traía la particularidad de ser un gran plagio (ver capítulo "El rincón del vago"). Pero no solo eso. En diciembre Milei llevaría ese libro a un documental de Youtube, donde no solo asentaría la marca "libertaria" sobre la resistencia contra la pandemia, sino que además sería un adelanto de su inminente debut político.

La primera escena lo mostraba a él siendo aplaudido por decenas de seguidores, que llevaban las clásicas banderas liberales amarillas con la serpiente enroscada. Entre ellos estaba quien luego sería legislador porteño por La Libertad Avanza, Leonardo Seifert, famoso por sus insultos a Ofelia Fernández en las redes —"gorda puta incogible, mogólica, villera de mierda, negra del orto"—, y la mano derecha del economista, Lilia Lemoine. También aparecía Karina que, de manera llamativa, tenía dos alas blancas en la espalda, como un ángel, una referencia que en el film jamás se aclara por qué es. Al final de la película los libertarios le traían una maqueta del Banco Central y un martillo como el del dios nórdico Thor. Mientras el protagonista rompía todo a golpes, ellos gritaban al unísono y fuera de sí.

—Mi-lei, Mi-lei, Mi-lei, Mi-lei, Mi-lei, Mi-lei, Mi-lei, Mi-lei.

* * *

Sin embargo, la pandemia no termina de explicar por completo el proceso. En todo caso, el encierro por el virus y los dramas que trajo potenciaron algo que ya estaba dando vueltas en toda la sociedad occidental: la pérdida de paciencia ante la falta de respuestas positivas de parte de los que gobiernan.

El caso argentino tiene, sin embargo, varias particularidades. El primero es la gravísima realidad económica, que tiene varias aristas pero que se puede resumir en el 561,8% de inflación acumulada desde el 2013 al 2021, según el INDEC, en el aumento de la pobreza en ese período del 29 al 44%, de acuerdo a los registros de la UCA, y en el correlato en la inseguridad que estos números traen.

La segunda originalidad de este suelo es que tiene un punto donde la pandemia y el hartazgo frente a la política se cruzan de una manera difícil de igualar en otros países, en un capítulo que quedará para la historia. Es la fiesta clandestina en Olivos de Alberto Fernández y de su esposa Fabiola Yáñez.

Ante los ojos de una ciudadanía cansada y con el bolsillo flaco, que en muchos casos no había podido ni siquiera enterrar a sus propios muertos, el presidente apareció incumpliendo las restricciones a la circulación que él mismo había impuesto. Esto, además, tenía el agravante de que Fernández había dado cátedras de moral, en decenas de entrevistas e intervenciones, contra los que marchaban contra la cuarentena o los que rompían las reglas. Incluso había llegado a criticar a un joven surfer anónimo —las redes lo inmortalizaron bajo el apodo "el boludo"— por haber intentado viajar desde Capital a su casa en Pinamar. Era el pico máximo de la doble moral y la prueba definitiva, para muchos, de que a cierta élite las reglas no la alcanzaban.

—La foto de la fiesta en Olivos muestra que la clase política está más arriba que la población. Es como la demostración más clara de los privilegios. Por eso Milei después puede capitalizar la indignación popular con su concepto de "la casta"—, opina Goldstein.

La clandestina en la quinta presidencial cristalizaba ese sentimiento —según a quién se le pregunte es cansancio, bronca, odio, o resignación— que tenía una creciente parte de la sociedad para con la política. En este sentido, cuando Milei se queja de la ineficacia de lo que llama "la casta" y de lo mejor que vive que el resto del país no hace otra cosa que tener una inobjetable razón.

Los últimos años del gobierno de Cristina Kirchner, seguidos por el fracaso del macrismo y la monstruosa deuda que tomó, más el desconcertante mandato de Fernández, sus incongruencias, su interna palaciega a cielo abierto y los desesperantes números de pobreza, inflación y caída del salario real son tan ciertos como que el sol sale a la mañana y se pone a la noche. Si el Frente de Todos hubiera logrado, como prometió, "volver a poner el asado arriba de la mesa", difícilmente el fenómeno Milei tendría tanto éxito.

Franco Rinaldi, influencer liberal que supo tener alguna afinidad con Milei, insiste en lo que significó la falta de respuestas de parte de la política.

—La gente en Argentina no es liberal ni de derecha, diría que ni siquiera es de izquierda. La gente quiere que la política le solucione los problemas. Cada 15 o 20 años la política entra en crisis con la economía y cuando chocan uno dice "dame otro plato que haya en el menú porque este plato lo vengo comiendo y me cae mal". Milei expresa brutalmente y mejor que nadie ese descontento social con la política, es más el resultado del descontento popular con la política que un crecimiento genuino y honesto del liberalismo. Pero también le agrega una vuelta propia. Él dice que la administración fracasa porque hay Estado. En esa simplificación brutal y equivocada de Milei hay una conexión con la gente que está enojada con un Estado cada vez más grande, pero que esa ampliación estatal no le arregla nada. Entonces la gente puede comprar que el problema ahora es el Estado—, dice.

La mayoría de los dirigentes liberales sostienen la tesis de que el grueso de los votantes de Milei no lo apoyan por sus ideas sino por el contexto socioeconómico. Es también el caso de Yamil Santoro, jefe de campaña de Ricardo López Murphy en las elecciones del 2021 y uno de los líderes de Republicanos Unidos.

—No sé si hay un fenómeno del "liberalismo", no creo que todo el mundo vote a Milei por ser liberal, libertario o lo que sea. Es más un candidato del desánimo que un candidato liberal. Él ha logrado dar con algo que estaba latente: que la gente está genuinamente hinchada las pelotas. Alberto haciendo las boludeces del Olivosgate, Vidal contagiándose Covid en una reunión cuando ni siquiera era diputada, Lilita haciendo un cumpleaños en su casa en plena cuarentena… llega un momento en el que decís "se nos cagan de risa en la cara". Entre el malestar económico, la inseguridad y la sensación de que se te mean de risa aparece Milei y funciona—, aporta Santoro, que tuvo bastante trato con el libertario en su momento.

Aunque es un lugar común asociar a fenómenos como Milei con la falta de respuestas de la política, los números apoyan esta tesis.

En su debut político, el libertario sacó más votos en los lugares más pobres de la Capital Federal: la comuna 8 (Villa Lugano, Villa Soldati y Villa Riachuelo) y la 4 (La Boca, Barracas, Nueva Pompeya y Parque Patricios). No solo eso, sino que en ambas zonas consiguió más apoyos que lo que fue su porcentaje general. 19,18% en la 8, 17,53% en la 4, contra el 17,03% que fue su suma global.

Esta realidad, además, se repitió en otras provincias donde los aliados de Milei compitieron. En el 2021 el libertario apoyó la lista de la Unión del Centro Democrático en La Rioja, que llevaba a Martín Menem, el sobrino del fallecido presidente, de candidato. En esas elecciones, a la UCD le fue mejor en los distritos más carenciados (4,9% en Famatina, 5,5% en la Capital) y peor en los menos pobres (0,63% en General Felipe Varela, 1,83% en Castro Barros, 3,2% en San Blas de los Sauces). Mismo registro tuvo en el 2022 Republicanos Unidos en Usuahia, un partido que dirige Agustín Coto, un aliado de Milei. "En el sur, la zona más humilde, fue donde más votos sacamos", dice el dirigente.

—Hay un estigma de decir que la derecha se olvida de los pobres o de los humildes. Y es falso: los que terminan votando más a la derecha, en Argentina y en el mundo, son las clases bajas y medias, no las clases altas—, asegura Ezequiel Acuña, el joven que hace tres años, a sus 18, fundó el sitio "La Derecha Diario".

Carlos Maslatón, que comandaba la juventud liberal de la UCD en los noventa, sostiene que en aquel momento el estereotipo de que a la derecha la acompañaban más las clases altas era real. Pero que ahora cambió.

—A nosotros en la UCD nos votaban en la franja de Nuñez, Belgrano, Palermo, Recoleta, Barrio Norte, Retiro. Eso se correspondía históricamente con una clase media-alta, que en aquel momento era más grande a nivel nominal. Pero hoy en día se ve que el liberalismo es multiclasista—, asegura el abogado.

Este cambio en la composición social del voto de esta nueva derecha pone de manifiesto, además, la crisis política del kirchnerismo y del macrismo, los grandes partidos de las últimas dos décadas.

Es interesante observar que, más allá de las diferencias, ambos comparten una realidad: sus cúpulas se mantienen impenetrables a la renovación. Cristina Kirchner sigue manejando el espacio como lo hacía quince años atrás, y los popes de La Cámpora, como Máximo y Wado de Pedro, ya peinan canas. En el PRO, a pesar de que a la mesa chica se le sumó Patricia Bullrich —una figura que tiene casi medio siglo en la política—, los pesos pesados siguen siendo la línea fundadora de Macri, Larreta y Vidal. Ambos armados no solo no dejan entrar nuevos dirigentes, sino que los que están son día a día más biológicamente grandes, y por lo tanto más alejados del grueso del electorado (en Buenos Aires, en el 2021, el 37% de los votantes tenía menos de 29 años).

El antropólogo Juan Francisco Olsen lo explica así.

—Estamos en el período dirigido por las dos organizaciones menos democráticas de la historia reciente: el kirchnerismo y el macrismo. A ninguna le conoce ningún tipo de mecanismo de resolución de conflictos que no sean manda Cristina o Máximo o manda Macri (aunque en el PRO parecería estar empezando a cambiar). Ambas dirigencias están muy cerradas en un núcleo decisorio, que en el caso del kirchnerismo se compone de los amigos del heredero. Tiene más similitudes con el régimen monárquico que con una democracia liberal. Eso imposibilita el recambio de figuras, hace que sea una organización que no está en contacto con la base o con ningún tipo de problemática real de la sociedad que pretende representar. Miran todo desde arriba—, aporta el becario del Conicet.

Parece, entonces, imposible separar el surgimiento de La Libertad Avanza de la crisis de estos dos grandes partidos. Natanson coincide y amplía.

—Es el problema del simple curso de la historia. Para los que nacieron en los noventa el kirchnerismo no es ni la renovación del peronismo ni una expresión del antineoliberalismo ni el regreso de la pasión setentista: es un dato del paisaje, un mueble que siempre estuvo ahí. La cadena de incorporación de nuevas camadas al peronismo se cortó y hoy el kirchnerismo sobrevive en dos franjas etarias: los integrantes de la generación de los 70 que no viraron a la oposición y los cuarentones marcados a fuego por el 2001. Es esta generación, la que sufrió los efectos del ajuste de los noventa, la que disfrutó después de los primeros años de crecimiento poscrisis, la que sostiene hoy el mito kirchnerista. Pero el peronismo no interpela más a los jóvenes, los abandonó. Porque además los que lo manejan son todos cincuentones ya, escuchan a Los Redondos, ya pasó eso. Igual, la responsabilidad de que tipos como Milei crezcan no es solo de la izquierda o del peronismo, sino también de la derecha tradicional. Bolsonaro llegó al poder porque la centro derecha tradicional brasileña, que era paradójicamente muy democrática, antidictadura, como Fernando Henrique Cardoso o José Cerda, terminaron jugando con él.

Goldstein también insiste en explicar parte del fenómeno por el desencanto con el partido tradicional de la derecha.

—Mucha de la gente que está con Milei estuvo en el PRO. Esto es un fenómeno latinoamericano. Los cuadros de esta extrema derecha muchas veces tienen un paso por los partidos tradicionales de derecha. Y es como que dicen "bueno, esto no me alcanza, son muy de izquierda estos, el PRO es de izquierda, el PAN en México es de izquierda, Piñera en Chile es de izquierda", y todo así. Entonces después se corren, se van a una opción más extrema.

Natanson, además, pone la llaga en un tema central para entender el fenómeno Milei. Es algo que se puede comprobar no solo en las encuestas sino en cualquiera de los actos del libertario: el grueso de sus seguidores son jóvenes. Además, es un momento especial para la juventud argentina. En el 2023 empezaron a votar las personas que nacieron en el 2007, ciudadanos que solo conocen una inflación de más de dos dígitos.

—Un pibe de 20 lo único que vio desde que nació es esta malaria, y quiere otra cosa. ¿Y quién dice que todo esto está mal? Milei.

* * *

En los primeros días de julio del 2020 sonó el timbre de una casa en Colegiales. Ahí vivía Iñaki Gutiérrez, un adolescente de 19 años, junto a sus padres. Los que estaban en la puerta eran dos policías: al joven lo habían denunciado por romper la cuarentena.

"Un año después me vengo a enterar de que a los días de que me denunciaran el presidente estaba festejando el cumpleaños de Fabiola sin barbijo y con amigos. Es indignante", dice hoy.

A los 21, Gutiérrez es uno de los grandes referentes de la juventud que sigue a Milei. Tiene miles de seguidores en las redes, desde donde apoya al libertario, critica al peronismo y provoca la indignación de centenares de usuarios, como cuando se muestra sosteniendo una metralladora y defendiendo la libre portación de armas.

El joven ya dejó atrás su temprana militancia de Macri y de Bullrich, para quien llegó a trabajar. Desde el 2021 apoya al "león". Y no solo eso: es quien maneja la cuenta de Milei en Facebook, Instagram y Tik Tok.

—Siendo sincero, no conozco una persona de mi edad que no haya pensado, con o sin plata, en la posibilidad o en la idea de irse del país. Javier logró una llegada a la gente joven porque en este contexto es un tipo que te viene a plantear que te tenés que quedar y que vos vas a ser responsable del futuro que vayas a tener. Y que ese futuro va a estar acompañado de un Estado que no te signifique un peso. ¿Quién no putea por los impuestos o por la inflación? A mí me preguntan por qué pasó Milei: pasó que todos mis amigos se quisieron escapar de un país que destruyeron.

Gutiérrez milita ad honorem para La Libertad Avanza, y tampoco cobra por su trabajo en las redes. A fin del 2021 tuvo que rendir varios parciales —estudia dos carreras, una en la UBA y otra en una universidad privada— y las cuentas de Milei quedaron abandonadas por unos días.

Los números que da son inapelables. En mayo de 2022 le abrió a Milei una cuenta en Tik Tok, una red social cuyos usuarios —según Statista, una plataforma de estadística estadounidense— son en un 62% personas de 10 a 29 años. Para la entrevista, en enero de 2023, el libertario tenía un millón de seguidores, con reproducciones de arriba de un millón en cada video y con siete de ellos con más de seis millones de visitas.

Rinaldi, otro hombre fuerte del liberalismo en las redes, aporta su estadística: sus seguidores tienen hasta 35 años máximo, mientras que en el segmento que mejor le va es en el de 18 a 25.

—Es un fenómeno de los jóvenes. En los 90 o en los 80 era la cultura de la izquierda, y ahora la novedad es ser antiestatista. Yo no creo que la juventud que sigue a Milei sea de derecha ni nacionalista ni nazi ni nada por el estilo. Pero, y en eso tiene razón Javier, la izquierda y la centro izquierda se volvieron establishment, se volvieron la norma.

Con Dannan pasa lo mismo. El grueso de sus seguidores en Youtube va de los 22 a los 45. Desde el comando de campaña de La Libertad Avanza aseguran que tienen medido que el 65% de sus votantes tienen menos de 30 años. Alejandro Catterberg, el director de la consultora Poliarquía, dice que sus números le dan que si en las elecciones del 2023 solo hubieran votado "los menores de 30 años" Milei sería el presidente. Y que si solo votaran los "hombres menores de 30 años" el libertario ganaría en la primera vuelta.

La aparición del fenómeno Milei y de todos los referentes de las nuevas derechas se explicaría también por el desencanto generalizado que sufre la juventud en la "era posmoderna".

La última etapa del siglo XX asistió a un colapso de la fe de las masas por los grandes relatos que dotaban de sentido las interpretaciones del mundo: el capitalismo liberal, la revolución marxista, el Estado de bienestar, el dogma cristiano. Si en tiempos pasados ese clima de desencanto propulsó la filosofía posmoderna o el movimiento punk como síntomas de una conciencia tapizada de inconformismo, las nuevas derechas en general y Milei en particular serían el nuevo gran relato al que parte de la juventud, enojada por la falta de oportunidades, planea subirse para cambiar (o romper) todo. Goldstein insiste en este punto:

—La sociedad está destruida. Los jóvenes se van del país porque no pueden encontrar trabajo. Hay mucha frustración y la está canalizando la derecha. En otras épocas, en los setenta, bajo el clima de la Revolución Cubana, había una sociedad más homogénea, más integrada, con unas mayores oportunidades de movilidad social y los jóvenes tenían otras ideas. Milei canaliza una especie de futuro distópico: "Ya que vamos a explotar en mil pedazos, matemos al que tenemos al lado y que no nos joda". Es una especie de individualismo exacerbado, "el Estado no existe, tiene que desaparecer el Banco Central, dolaricemos la economía". Son medidas que reflejan la pérdida de confianza en un futuro posible que sea en comunidad.

* * *

¿Pero por qué la juventud, ante la agonía de los grandes relatos, giró hacia esta nueva derecha y no para otro lado?

Quizás Mila Zurbriggen, en su momento la presidenta de la juventud libertaria de Milei, tenga la respuesta en su propia biografía.

Ella comenzó a estudiar en la Universidad de Corrientes cuando tenía 18 años. Eso fue en el 2018, el momento de la irrupción de la marea verde y del feminismo en Argentina. Zurbriggen cuenta que en ese primer año de cursada, en el que todavía no tenía las ideas políticas demasiado definidas —más allá de venir de una familia muy religiosa—, acusaron a un amigo suyo y compañero de clase de haber abusado de otra estudiante. Según el relato de la joven esa denuncia carecía de sustento e incluso de pruebas, pero a pesar de eso el centro de estudiantes de la facultad la motorizó. Fue el mismo espacio juvenil que ese mismo año la quiso convencer de sumarse a las manifestaciones a favor de la legalización del aborto. Para fines del 2018 Zurbriggen sería la coordinadora de "La Juventud Provida" en todo el país.

A principios de 2020 se mudó a la desconocida Capital Federal. A los pocos meses de llegar el Gobierno dictó una cuarentena que la dejó sola, sin casi nada para hacer y aislada de sus amigos y familias. Su primer marcha en la ciudad fue contra las medidas de encierro, donde empezaría a entrar en contacto con Milei y con varios del espacio. El desenlace de ahí a dirigir durante más de un año la juventud de La Libertad Avanza parece, con el diario del lunes, casi natural.

Otra manera de responder la pregunta sobre el giro hacia la nueva derecha de los jóvenes la puede dar la activista Marla. Ella es una militante feminista que suele llamar a los programas de radio del influencer Emmanuel Dannan para pelearlo.

— Yo no puedo dejar pasar una cosa. Dijiste que les persones que somos tolerantes y queremos diversidad estamos obsesionades con disfrazar a los chicos de princesas. Eso no es así. Lo que se está haciendo es una campaña para demostrar que el hecho de que vistas a un nene de princesa no lo va a condicionar en nada ni hacerlo menos hombre, ¿o tu mentalidad de cavernícola no lo capta?—, arranca la activista, en uno de los cruces con el influencer.

— Decime una cosa Marla, esta maravillosa campaña que no va a condicionar en nada a los chicos, ¿la promueven las mismas personas que dicen que si vestimos a las chicas de princesas y les damos muñecas las vamos a condicionar de por vida?

¿Y qué así las vamos a convertir en personas sumisas y débiles? ¿Estás diciendo que la mente de los chicos es superior a la mente de las chicas? ¿Qué la mente femenina es más débil y se deja condicionar? Sos la peor feminista del mundo si es eso lo que estás diciendo. Marla, te hago una pregunta. ¿Tu primer nombre no es Ama?

— No, ¿por qué?

— ¿No es Ama Marla?

Las peleas de Marla con Danann son las más vistas en su canal de Youtube, que tiene casi dos millones de seguidores (ocho veces más que el oficial de Cristina Kirchner). "Hombre blanco hetero cis, debate en vivo", tiene siete millones de reproducciones, "roles de género, debate en vivo", tres millones, "Ley de identidad de género, debate caliente en vivo", dos y medio, y así hay varias más. La activista, en verdad, es un personaje de ficción que creó el influencer para burlarse del feminismo, pero eso poco importa: los miles y miles de jóvenes que hacen click en sus videos se sienten reflejados en esa pelea.

Ambos casos sirven de muestra de una realidad que suelen compartir los jóvenes que adscriben a estas ideas. Es que muchos vivieron el progresismo que se impuso en los últimos años como un ataque. Con razón o no, se sienten víctimas de un sistema que cuestiona como ellos piensan, como ellos hablan, como ellos viven. Eso deriva en la lógica de que su militancia nace de una defensa no solo de sus valores sino de ellos mismos. Es en muchos casos —como el de Zurbriggen— sus ideas nacen más por una reacción frente a un entorno que los condena que de una sólida toma de consciencia política. Algo que tampoco difiere demasiado de las motivaciones que tenían los jóvenes que en la década del setenta se sumaron a los sectores de izquierda y de ultra izquierda.

Esta es, también, la tesis de Pablo Stefanoni. El historiador, en su libro *¿La rebeldía se volvió de derecha?*, hace hincapié en lo que sucedió dentro del campo de la cultura. Estudia como la nueva derecha logró imponer la idea de que la izquierda había perdido la batalla política y económica, que había visto caer a la Unión Soviética y al Muro de Berlín, pero que había ganado en un frente crucial: según el relato que empuja este novedoso campo político "el marxismo cultural" se quedó con el monopolio de todos los ambientes de debate, discusión y ampliación de ideas. Por lo tanto lo nuevo, lo que viene a sacudir el escenario, lo que enciende los corazones rebeldes de los jóvenes, es el némesis de este socialismo que conquistó la mayoría de las mentes.

"La transgresión cambió de bando. Es la derecha la que dice 'las cosas como son', en nombre del pueblo, mientras que la izquierda —culturizada— sería solo la expresión del establishment y del status quo. La derecha vendría a revolucionar, la izquierda a mantener los privilegios vigentes. La derecha vendría a patear el tablero de la corrección política y a combatir a la 'policía del pensamiento', la izquierda defendería el reinado de una neolengua con términos prohibidos para evitar que la verdad emerja a la superficie. La idea central de quienes rechazan la corrección política de la izquierda es que existe una élite progresista que controla el mundo globalizado e impone su visión del mundo. Es más, esa élite ha venido maltratando al 'hombre común' al prohibir las gaseosas gigantes o el cigarrillo, al transformar el término 'hombre blanco' en un insulto, al tratar de fascistas a quienes se muestran 'inseguros' con la inmigración o de homófobos a quienes se oponen al matrimonio igualitario, al defenestrar a los que desean portar armas y no quieren comer quinua, al reírse de la Biblia pero jamás del Corán, al tratar las disidencias como discursos de odio, y la lista puede seguir y seguir", dice Stefanoni en el libro de la Editorial Siglo XXI.

Es este el corazón de lo que Milei llama "la batalla cultural". Es un concepto que popularizó el escritor argentino Agustín Laje, que a su vez lo tomó del filósofo marxista Antonio Gramsci: la resistencia contra la supuesta hegemonía ideológica de la izquierda. De hecho, como ya se contó en este libro, es para seguir dando esta lucha que el economista dice haberse metido en política. "No tenemos que pedir permiso ni perdón por cómo pensamos. Estamos hartos de las dictaduras de las minorías, donde unos pocos progres culposos nos dicen cómo tenemos que vivir", es una reflexión que suele compartir su compañera de fórmula en el 2021, Victoria Villarruel.

—Milei funciona porque nosotros somos el sentido común. Fijate lo que está pasando en Estados Unidos, que a los chicos de cinco años que se declaran transgénero les quieren cortar las bolas o les quieren dar hormonas. Te puedo asegurar que si le planteás el caso a cualquier persona que está sentada en este bar va a estar de acuerdo con que a un chico de cinco años no hay que tocarlo. Y me parece que la izquierda se ha ido tan extremadamente al carajo en las cosas que pide y en las cosas que cree correctas que terminó perdiendo toda lógica. Empezamos hablando de los derechos de la igualdad del hombre con la mujer a hablar de que el Estado te tiene que garantizar una cirugía de transición. No hay espacio cultural que no esté completamente tomado por la izquierda. Vas a la librería y seguro encontrás el libro de Javier, el de Agustín (Laje), pero rodeado de 400 libros de izquierda. Vas al teatro, lo mismo. Vas a ver una película, lo mismo. Por esto Javier es tan querido en los barrios populares, porque terminamos siendo lo políticamente incorrecto, que en realidad es políticamente coherente. A mí no me parece una locura decirte ni acá ni en frente de cinco millones de personas que a un tipo que viola hay que matarlo, yo no creo que un violador se pueda reformar y si se puede, dedicá vos tu tiempo y tus recursos a hacerlo—, dice Gutiérrez, que cada tanto gira la cabeza hacia el resto de las mesas como buscando aprobación.

Danann cuenta que fue en el 2018 que por primera vez uno de sus videos llegó al millón de reproducciones. Como no podía ser de otra manera, a medida que iba sumando visualizaciones ganaba no solo aplausos sino insultos y críticas del ala progresista de la sociedad. Y en uno de esos días, en donde le llovían los comentarios mordaces por "facho", el influencer decidió llevar la apuesta a otro nivel. Se sacó una foto arriba de un Falcón verde, con el epígrafe "subí que te llevo, bebe" y "subite a la Dananneta".

—Decían que éramos Videla, que éramos los vuelos de la muerte, bueno: acá estoy con el Falcon verde. Es una provocación o una caricaturización de lo que ya se decía de nosotros. Y creo que justamente cumplió su cometido. Muchos se horrorizaron y yo estaba como "¿de qué te horrorizás si vos ya decías que éramos esto?".

Sin embargo, Danann es también quien se alejó de Milei por el pacto con Bussi:

—Me puedo sacar una foto con el Falcon riéndome de los que nos dicen fachos, pero ¿cómo vamos a hacer una alianza con el hijo del genocida y reivindicador de su padre? ¿Somos liberales o somos socios de las castas más rancias?

El influencer sostiene que el fenómeno de la nueva derecha no se debe tanto a la crisis económica ni a la falta de respuestas de parte de la política. Dice que es, antes que todo, algo cultural.

—¿Hasta cuándo la pelotudez del lenguaje inclusivo? Si vos querés hablar con X todo bien, pero no lo impongas. Eso es a lo que va todo esto. Lo único que ganás así es que gente que piensa como vos en muchas otras cosas se empiece a dar vuelta. Acá es donde gana la derecha, evidenciando las falencias de ese discurso. Yo creo que me ven porque mucha gente se siente identificada viendo que hablo sin corrección política, que me paso por los huevos a la corrección política. Este fenómeno es más cultural que político. Un pibe va a la UBA y le dan todos los libros de Marx, que están muy bien, pero no tiene los de Smith. Y dice "loco, estuve todo el día escuchando a mi profesor comunista, quiero escuchar otra cosa" y pone a Dannan, pone a Laje, pone a cualquier cosa que esté a la derecha. La corrección política tiene conceptos que son horribles, termina haciendo que la gente se autocensure porque tiene miedo de decir una palabra que ofenda. Y esto es también lo que lleva a un político a decir cosas maravillosas de saquito y corbata y después a hacer que el sistema como está no cambie nunca ni arregle nada, sino que solo de la sensación de que está cambiando. Entonces dicen "bueno, vamos a hacer el ministerio de la Mujer" y hay que financiarlo. Mientras a las minas las siguen matando y estamos poniéndole plata a un ministerio que no sirve para nada.

Danann también integra el "Ministerio del Odio", un grupo de tuiteros e influencers de la nueva derecha que se armó en la pandemia. Desde las redes y desde los eventos que arman militan contra la izquierda y dan la "batalla cultural". Otro de los popes de este espacio es Álvaro Zicarelli, un intelectual que fue discípulo de Juan José Sebreli y trabajó para Gabriela Michetti y Elisa Carrió. Desde que Milei irrumpió en la política fue su asesor en materia de relaciones internacionales, hasta que a fines del 2022 la interna de La Libertad Avanza se lo fagocitó. Pero de eso prefiere no hablar.

Desde su casa en Recoleta, repleta de libros desde el piso hasta la pared —en donde figura también el suyo, *Cómo derrotar al neoprogresismo* , Zicarelli insiste con la idea de que el auge de este espacio tiene mucho de reacción contra "la izquierda".

—Las universidades públicas en Argentina dejaron de ser un lugar de pensamiento universal para convertirse en una bajada de línea permanente, que fabrica pensamientos mecánicos sin poder de crítica. Y están controladas por un establishment autodefinido de izquierda. Yo propongo que recuperemos las herramientas gramscianas para imponer la cultura de la libertad. Que se instale que tu pensamiento vale, que ves el mundo distinto a ellos y que tus ideas son más prácticas solo por no haberse probado aún. Las de ellos ya fracasaron. Busco que demos la batalla cultural en los medios, en las redes, en el campo electoral, en el partidario y en el ejercicio del Gobierno.

Si todo esto es cierto, es lógico que tenga más ascendencia en los jóvenes. Son ellos los que están más en contacto con las ideas del progresismo, sea como Zurbriggen en la universidad, en la secundaria, en la calle o en cualquier contexto de interacción social. "El progresismo se volvió un poco status quo por sus éxitos, en un contexto donde partidos de centro derecha y centro izquierda se vuelven menos diferenciables y donde la izquierda revolucionaria se volvió marginal. Entonces aparece este tipo de derecha transgresora que pone en cuestión ciertos consensos establecidos y termina siendo cool, rebelde", sostiene Stefanoni en su libro. Es una idea bastante extendida.

—Creo que la gente liberal en serio quiere un Estado chico, ley y orden, políticas inmigratorias claras, condenas implacables. Esas cosas, esos valores, yo no los veo demasiado en esos pibes que más bien están en contra de lo que representa hoy la hegemonía política, que son las distintas variantes del progresismo. Los veo que su definición es más estar en contra de que a favor de algo—, aporta Rinaldi.

En Argentina, además, hay una línea de tiempo que es imposible obviarla y que merecería un libro en sí mismo. Podría tener tres paradas. La última 2021, que vio surgir con tanto éxito a Javier Milei, la anterior 2020, con su encierro pandémico y la primera 2018, con el debate por el aborto.

¿Cuántos de los votantes del libertario en su primera elección fueron casos como el de Mila Zurbriggen? Es decir, ¿qué porcentaje de esos electores fueron personas que no se sintieron parte de las movilizaciones del feminismo primero, y que sufrieron la cuarentena después? Es una tesis que repiten los popes del armado del liberal, que muestran gráficos donde aparece que su votante joven (entre 18 y 25 años) en 2021, en 2018 tenía entre 15 y 22. Según esta interpretación ese joven elector fue marcado a fuego por esa época. "A muchos hombres les dijeron que sometían a una minoría, que eran las mujeres. ¿Y cuál fue su respuesta? Se fueron a la minoría más minoría que existe: ellos mismos, el individuo", dice uno de los principales armadores de este espacio.

—El debate del aborto tuvo dos lugares geográficos. El AMBA, sobre todo Capital Federal, donde fue muy fuerte lo verde, y el resto del país, que fue paliza celeste. Cuando empezó la discusión en el 2018 la sociedad estaba dividida. 45% a favor y 40% en contra. Cuando terminó la discusión el número era 60 en contra y 40 a favor. Pero la ciudad de Buenos Aires tiene mucho peso y mucha repercusión, sobre todo en los legisladores porque se legisla ahí—, afirma De La Torre.

La lucha contra esta corriente de pensamiento es, entonces, una parte fundamental de este fenómeno. Es una tesis que avalan los números. En un estudio de fines de 2022 que hizo la Asociación

Civil Comunicación para la Igualdad sobre el discurso de la nueva derecha argentina en las redes (Youtube y Tik Tok) detectaron que el 60% de los contenidos se refieren a temas de género, que el 37% de esos contenidos incluyen agresiones o insultos, y que solo el 20% de los influencers de este campo son mujeres.

* * *

La sociedad sobre la que aparece este fenómeno está atravesada, además, por grandes cambios. Argentina está lejos de ser no la que era a mediados del siglo pasado, sino hace tan solo veinte años.

Una transformación notable se da en los nuevos modos de producción. Alejados de los tiempos en los que "trabajo" significaba un lugar en una fábrica, donde los obreros se veían entre sí y compartían sus días, sus sueños y sus quejas, hoy muchas personas trabajan "solas". Es ahí en donde este nuevo gran relato adquiere un vector importante: si antes un trabajador con ideas marxistas, o incluso un peronista de los años cuarenta y cincuenta, podía agitar a sus compañeros obreros contra los patrones, muchos de los que hoy se ganan el pan tienen otro tipo de subjetividad, más individualizada y menos atravesada por la perspectiva de clase.

—El tipo que pedalea como Rappi para sobrevivir, el del Uber, el que armó un negocio, el que va a una feria, el que trabaja a comisión, los pequeños emprendimientos comerciales a partir del marketing digital y las campañas en redes sociales, la especulación en el mundo de las criptomonedas, las posibilidades de monetización de los influencers y hasta las nuevas tendencias musicales, como el trap y el hip hop, que ya no apuestan al trabajo colectivo de la banda sino al talento individual de un artista que lo único que necesita para triunfar es un teléfono. Se trata en todos los casos de iniciativas individuales —a lo sumo de grupos muy pequeños— sostenidas en las ideas de libertad, pequeña propiedad, flexibilidad horaria, creatividad y emprendedorismo. Es el paradigma meritocrático del esfuerzo individual. A todos estos Milei tiene algo para decirles, tiene un discurso para ellos: "trabajen, esfuércense,

186

el Estado no los va a ayudar, los jode con impuestos". En cambio, ¿qué tiene el peronismo para ofrecer a estas nuevas realidades juveniles? Su clásico discurso protector, su visión del Estado como igualador social y su apelación permanente a la acción colectiva de sindicatos o movimientos sociales tienen poco que ver con las trayectorias laborales —atomizadas, entrecortadas, zigzagueantes— de buena parte de los jóvenes de hoy—, opina Natanson.

Hay también un cruce con la tecnología y los cambios que esta impone, que por definición llegan primero a los más jóvenes. Es un tema en el que permanentemente insiste Jaime Durán Barba, que hace del celular uno de los pilares para explicar *La nueva sociedad*, como se llama su último libro. "Desde 2007, la aparición en escena de YouTube, Facebook, Twitter, Whatsapp, Instagram, Pinterest, LinkedIn, MySpace y TikTok, entre una multitud de plataformas, cambiaron nuestra forma de ser y potenciaron la transformación. Actualmente casi todos hemos incorporado a nuestra vida el celular, del que no podemos separarnos. Cabe en nuestro bolsillo y es miles de veces más poderoso que la computadora que llevó a los astronautas a la luna en 1969. El celular fortaleció la libertad", sostiene el estratega.

—No creo tanto en que de repente las ideas empezaron a convencer a la gente, sino que hubo fenómenos culturales y tecnológicos qué son los que están provocando esto. El hombre con un teléfono inteligente en la mano tiene la sensación de que tiene libertad para elegir. Esa libertad es específicamente liberal, siente como que "decide su vida". Además hay una tendencia a nivel laboral a ser autónomo. Hay un apogeo del individualismo—, aporta Maslatón.

Entonces, las nuevas posibilidades que da la tecnología y el cambio que provocaron en la sociedad son también elementos centrales a la hora de entender el fenómeno Milei. Y en su armado lo saben.

Nahuel Sotelo, diputado provincial de Buenos Aires y aliado del libertario, se puso a la cabeza del reclamo de trabajadores de

Rappi para frenar un proyecto de ley que iba a darle un marco normativo a la actividad, que la iba a regular ante los ojos del Estado. Sotelo llegó a la sesión, a fines de abril de 2023, con una mochila de esa empresa, la clásica que usan los repartidores, en la espalda.

#RappiDeMilei es un hashtag que han usado estos trabajadores en las redes para manifestar su apoyo a Milei, y la cuenta de La Libertad Avanza en las redes suele subir fotos que le mandan los tercerizados por estas empresas con un distintivo del libertario en sus mochilas o vehículos. A estos trabajadores ponía el estratega Russo como ejemplo, en la campaña de 2021, cuando ejemplificaba a quienes había que ir a buscar como posibles votantes. "Hay que ir a hablarle al pibe de Rappi que no tiene para comer, que vive mal y que le robaron treinta veces la bicicleta", decía.

—Los grandes vectores que antes podían ser los grupos económicos o los grandes medios ya dejaron de ser el único factor determinante. Hoy, por las redes, tenés la posibilidad genuina de que haya una relación directa con el electorado. Por eso tenés fenómenos como los de Milei que lo ves generalizarse cuando antes tendrías que haber abierto comités por cada barrio. Javier es el primer producto genuino de las redes, nace de la viralización y de los recortes de Whatsapp. Es el primer emergente de este nuevo paradigma político—, sostiene Yamil Santoro.

Jovenes con teléfonos superinteligentes, trabajando en una sociedad con una economía rota y atomizada. Parte del éxito de Milei está ahí.

—Y donde hay un televisor o una pantalla probablemente haya un seguidor de Javier—, remata Gutiérrez.

* * *

Pero antes que todo el fenómeno vino el personaje. El rating, de hecho, fue el primero que lo supo: Javier Milei es un producto irresistible. El liberalismo en argentina no tendría tanto éxito —y de hecho, no lo tenía— si no fuera específicamente por el atractivo de su líder. Es algo que las primeras elecciones provinciales del 2023 están empezando a demostrar: a La Libertad Avanza no le va tan bien si no está el libertario en la boleta.

El periodista que más a fondo lo ha entrevistado es Jorge Fontevecchia. A pedido del fundador de la *Editorial Perfil* fue la única ocasión en la que Milei aceptó un debate en su era como político —con Juan Grabois, donde blanqueó su apoyo a la creación de un mercado de órganos— y con él también mantuvo una de las largas notas que hace. A ese reportaje, de tres horas, el libertario lo incluyó como uno de sus capítulos en su libro *El camino del libertario*, que ocupa 40 de las 350 páginas. Luego de las revelaciones de la revista *Noticias*, una publicación de Perfil, Milei no volvería a contestarle el teléfono al periodista (ver capítulo "El rincón del vago").

—No es por las ideas que Milei tiene la popularidad que tiene sino la manera, su estilo excéntrico. Creo que no casualmente se puede decir que su popularidad es inversamente proporcional a la factibilidad de sus ideas, que no importa que sean aplicables. Él dice, por ejemplo, lo de abrir un mercado de órganos, que a cualquier político le hubiese significado una cancelación, pero como no es tomado en serio hasta te podría decir que contribuye a agrandar la excentricidad. La última vez que lo entrevisté fue en *Radio Perfil*. Y fue algo muy interesante porque lo entrevisté diez minutos sobre un tema puntual (el cierre del Banco Central) y me lo tomé en serio. Y en serio no existía él, no resiste una discusión a fondo. El fenómeno que produce tiene otras explicaciones del orden de lo físico. Es lo mismo que pasa en un recital de rock o en una tribuna, hay una electricidad en la masa, en ser parte, en la idea del cardumen. No importa en el fondo lo que está sucediendo sino el goce de pertenecer a algo mayor, hay un goce físico de ser parte de algo y la explosión que eso significa, que se visibiliza en recitales, en eventos, en gritos de descarga catártico en contra del sistema. Él es el más antipolítico de todos y creo que hay una cuestión estética ahí, en su look rockero, que en Argentina tiene una historia. El estar fuera de la campana de Gauss en términos psicoanalíticos, además, le aportó un enorme atractivo—, dice Fontevecchia.

— ¿Cuánto tienen que ver los medios en el éxito de Milei?

— Milei es la antítesis de Roberto Lavagna, que siempre cuenta que iba a los programas y el rating bajaba. Milei es al revés y eso lo debe haber rápidamente descubierto. Los medios también crearon a Milei, pero el personaje emergió de las condiciones de posibilidad. ¿Los medios construyen la realidad? No, la retroalimentan. Cuando la política es espectáculo lo único que te queda es ir a la lógica del espectáculo, ¿y cuál es? El primer pecado mortal es el aburrimiento, el espectáculo permite todo menos el aburrimiento. El aburrimiento es resultado de la repetición y la aparición de alguien fresco, nuevo, estrafalario es un recurso. Creo que la aparición de nuevos medios que fragmentan la audiencia hacen que los medios masivos necesiten cada vez entrevistados más estrafalarios, porque cada vez compiten más por menos puntos de rating.

Parte del fenómeno Milei, entonces, no es solo la sociedad que cambió, los jóvenes a la busca de un nuevo líder que los interpele, la crisis económica y la política, sino también lo seductor que es el propio personaje. Como Donald Trump en Estados Unidos, con su pasado de empresario mediático y excéntrico, el libertario entra primero por los ojos.

—A Milei le creen, es auténtico. Es un tipo que habla de frente. Parte del encanto es porque Milei recupera un gran relato, un macro dogma explicativo de todo lo que pasa en el mundo. Como el marxista rústico que termina explicando todo en términos de lucha de clases, el libertarianismo rústico termina explicando todo en términos del Estado, y eso genera un interés y un atractivo. Movilizan emociones, adhesiones fuertes, no débiles. ¿Quién puede verse conmovido por Larreta? En cambio Milei conmueve, es un tipo que te propone una solución integral que es hacer todo muy distinto y hay un sector importante de la gente que le va a creer—, destaca Natanson.

Yamil Santoro, que conoció en el 2015 a Milei y lo trató bastante, agrega un elemento extra para entender el atractivo de su personaje. Es su propia biografía, la verdad sobre su equilibrio emocional, temas que ya se desarrollaron en este libro.

—Hubo una tormenta perfecta entre lo bizarro, lo kitsch, el odio, y el desequilibrio. ¿Cuántos políticos tenés que pongan un sentimiento de verdad arriba de la mesa cuando hablan? Javier es psiquiátrico, está humanamente roto y por eso es tan potente. Si uno quiere impostar la mitad de las cosas que hace Javier llega un momento en que no sos creíble. Cuando Javier se pone loco se pone loco en serio, porque es Javier sublimando el odio a su padre en el Estado y en la política. Está roto y ese odio es de verdad, entonces empatiza con la gente que está enojada.

* * *

Está claro que el éxito de La Libertad Avanza no es un caso aislado que sucede solamente en el suelo argentino. Se monta, como un espejo o como una consecuencia, a espaldas de un fantasma que recorre todo el planeta: la emergencia de líderes de nueva derecha. Algunos historiadores, como Julia Rosemberg, postulan que este proceso empezó a crecer a partir de la crisis global del 2008. "Fue una crisis que empezó siendo económica pero terminó pateando el tablero cultural, social y político de todo Occidente", afirma.

Bolsonaro en Brasil, Kast en Chile, López Aliaga y Fujimori en Perú, Trump en Estados Unidos, Le Pen en Francia, Vox en España, Ley y Justicia en Polonia, Fidesz en Hungría, Chega en Portugal y Giorgia Meloni en Italia son los referentes internacionales de esta gran familia. Hablan un idioma parecido y se dirigen a un público similar. Excede al trabajo de este libro analizar este fenómeno mundial, pero hay algo que no deja de ser interesante: si se compara a Milei con varios de los otros miembros las diferencias que aparecen son enormes.

Vox, por poner un caso, es un partido con el que el argentino tiene bastante afinidad. Suele viajar hasta España para participar de las grandes convenciones de la nueva derecha internacional que se hacen en Madrid. Ambos comparten el mismo enemigo ideológico. "El nuevo marxismo" lo llaman los españoles, y es este el punto de encuentro que tienen con Milei.

Pero Santiago Abascal, el líder de Vox, se cortaría las dos manos antes de cerrar el Banco Central. Es un partido profundamente nacionalista, que ve al Estado no como un enemigo sino como una herramienta, y que está más cerca de Perón que de Milei. Está más cerca, también, del excombatiente de Malvinas, excarapintada y líder del partido NOS, Juan José Gómez Centurión.

—Es una rebelión que está ocurriendo en el mundo en defensa de la familia, de la Patria, de sus culturas, de sus creencias y contra este modelo globalista que las quiere atropellar. Frente a todo esto reaccionan las naciones: "no, flaco, yo soy una entidad histórica, tengo 500 años". Y esto es lo que nosotros creemos. Javier, en cambio, tiene un proyecto ideológico armado en la Ciudad de Buenos Aires, un proyecto financiero, monetarista, que le sirve a muy poca gente. Argentina necesita producción y trabajo, no dolarizar—, sostiene el dirigente.

Franco Rinaldi también insiste sobre todo lo que separa al libertario argentino del resto de los emergentes internacionales de la nueva derecha.

—Las similitudes están forzadas. A Milei podrá gustarle mucho Trump pero Trump no es antisistema. No quería romper nada él. El plan era higienizar algo del establishment de Washington para agilizar el gobierno y tenía una política económica reguladora y liberalizadora de mercado. Él jugó adentro del sistema, no dijo que venía a romperlo, dijo que venía a arreglarlo. Él no piensa que el problema es el Estado, son concepciones en esencia muy distintas. Trump no es un anarco capitalista y Bolsonaro tampoco.

Entonces, en materia política y económica las distancias entre esta gran familia y Milei son marcadas. Los puntos de acuerdo son, como decía Centurión, los "valores" y la defensa a "la cultura", una manera elegante de decir que lo único que comparten son los enemigos.

Es eso lo que se desprende también de "La Carta de Madrid", que se considera como el punto de partida de una formal organización internacional de la nueva derecha. Ese es el documento que en el 2020 impulsó Abascal—con la firma de Milei y Villarruel— y que se presentó como la contracara del Foro de San Pablo, que nuclea a partidos de distintas ramas de la izquierda americana.

En el trabajo que creó el líder de Vox la primera definición que aparece es sobre la "cultura". "Más de 700 millones de personas forman parte de la Iberosfera, una comunidad de naciones libres y soberanas que comparten una arraigada herencia cultural", arranca el texto. Recién después menciona el "potencial económico" que tiene esta región, que está amenazado por "por regímenes totalitarios de inspiración comunista". El combate contra "el avance del comunismo" es el tópico central del tratado, una lucha que, no hace falta aclarar, es mucho más teórica que real. Es ese fantasma la pegatina que une a todo este espacio.

* * *

La pregunta que más se hace, sin embargo, los que ven desde afuera este fenómeno no es ni por qué sucedió ni dónde nació ni por qué funciona. Es algo mucho más elemental, una duda que se pronuncia con temor y rechazo en mismas proporciones. ¿Qué tan nueva es esta nueva derecha? ¿Qué tanto se parece a los viejos movimientos autoritarios del siglo pasado? O, en criollo, ¿qué tan "fachos" son?

En el caso argentino la pregunta está más que justificada. Milei se presentó en sociedad acompañado de Victoria Villarruel, una mujer que se hizo famosa en la televisión por su perfil negacionista de los crímenes de Estado ocurridos durante los setenta y que cuando llegó al Congreso contrató de asesor a Marcelo Cinto Courtaux, el hijo homónimo —y orgulloso— de quien fuera uno de los genocidas más temibles de la última dictadura. Este fantasma, además, fue motorizado por el propio libertario gracias a sus declaraciones negando los 30 mil desaparecidos o por las notas que compartió desde su cuenta de Twitter donde apoyaba las "masivas protestas reclamando que frenen las medidas dictatoriales de Lula", cuando en Brasil estaba sucediendo el intento de golpe luego de las elecciones en las que perdió Bolsonaro.

Fue una postura que además se rectificó por la alianza de Milei con el orgulloso hijo de un genocida, el tucumano Ricardo Bussi, o con el partido Unite, dirigido por José Bonacci, un hombre que suele posar para las fotos con libros de Hitler. Y esto remite solo a los políticos formalmente incluidos en La Libertad Avanza. Si se agranda la lupa se podrían sumar a influencers como "El Presto", que se hizo famoso en las redes por su foto sonriente junto al dictador Videla y por las amenazas que le hizo a Cristina Kirchner —"vos no vas a salir viva, te queda poco tiempo"—.

José Benegas estudió mucho la línea que une a las nuevas derechas con los viejos movimientos autoritarios. Tanto que el periodista y ensayista liberal publicó un libro titulado "*Lo impensable. El curioso caso de los liberales mutando al fascismo*".

—Estas nuevas derechas y el nazismo tienen un mismo origen conceptual. Se basan en la idea de que hay una sociedad que se está corrompiendo y que esa cultura, esa sociedad, debe ser restablecida. Y el dispositivo básico es: hay una minoría que es la que está impidiendo el desarrollo de la gloria de Alemania y por eso hay que quitársela de encima. Es el uso industrial de una cosa muy vieja en la humanidad que es el dispositivo de expiación de culpas. Yo concentro las culpas en un grupo y elimino al grupo, que es el chivo expiatorio. Es una bola de nieve, y como el discurso contra cualquier minoría es falso vos lo tenés que alimentar con miedo. Así que tenés que ir aumentando cada vez más la mitificación contra esa minoría. Son neonazis, pero no necesariamente porque estén construyendo campos de concentración ni porque vayan a matar minorías, sino porque hacen política en una hoguera conceptual. Cuando Milei dice 'zurdos' no se está refiriendo al socialismo, ni a la izquierda como la pensábamos hace diez o veinte años. La izquierda para ellos son los que están fuera de la normalidad de la cultura: no son heterosexuales, ni blancos, son extranjeros que están contaminando la cultura. Por lo tanto hay que purificar. Esa es la raíz nazi—, opina Benegas, desde el otro lado del Zoom en Estados Unidos.

—¿Lo calificarías como un fenómeno conservador?

—No lo identifico como algo conservador. Ellos están tratando de reformar a la sociedad no de mantenerla, están queriendo diseñar una sociedad distinta. Son revolucionarios, como revolucionarios eran los nazis. Cualquier nazi que haya en Argentina está en La Libertad Avanza, porque hay algo atrás. Los seguidores de él tienen este discurso racista, homofóbico, xenofóbico, nacionalista, y que no tienen nada que ver con lo que habla Milei en los medios.

¿Pero cómo puede mezclarse el fascismo con el presunto libertarianismo anarcocapitalista que pregona Milei? Benegas propone una explicación, una crítica durísima a la idea del capitalismo sin Estado que pregona Milei. "Los liberales queremos que haya Estado para que haya seguridad y justicia. ¿Podríamos tener eso sin Estado? El supuesto del anarcocapitalismo es que sin Estado la gente se arreglaría para colaborar y protegerse, y entonces el crimen no aparecería y nadie te podría cagar porque entonces tendría consecuencias. Es un disfraz perfecto. No quieren que deje de haber Estado para poder colaborar. Quieren que deje de haber Estado para poder segregar y dejar de colaborar", observa el ensayista.

Daniel Feierstein, sociólogo especializado en la violencia ejercida por regímenes genocidas, particularmente el de la última dictadura, ha dedicado muchas intervenciones a analizar y observar el ascenso de las nuevas derechas y, por consiguiente, del fenómeno Milei. El intelectual no duda en establecer una relación entre la "proyección del enojo social" de estas nuevas derechas, a las que califica como "neofascistas", y el clima de época que se vivía en la Alemania en la década del 30, cuando Hitler capitalizaba la furia y el descontento de una población derruida por una crisis económica galopante y que había sido humillada en la Primera Guerra Mundial.

—El fin es aprovechar una situación de malestar, decepción, frustración y resentimiento para proyectarla sobre un enemigo. El tipo de discurso construido por Milei da cuenta de eso:

este uso tan fuerte de las descalificaciones, de los insultos, de la lógica de destrucción, de "vamos a estallar el Banco Central".

El discurso mileista, a pesar de su violencia, es un afrodisíaco para diversos grupos de gente. Sobre todo, según observa Feierstein, sectores jóvenes, de todas las clases sociales (ya que el clima de frustración es transversal), fundamentalmente varones, muchos de los cuales experimentan malestar frente al avance de fenómenos como la marea verde.

Desde su perspectiva, el discurso violento no es tampoco algo exclusivo del sector que rodea a Milei, sino que ha ido contagiando a otros actores y espacios políticos.

—No lo adjudicaría únicamente a él. Creo que ha crecido en una cantidad de grupos de esta nueva derecha que intenta hacer aparecer, por primera vez desde el fin de la dictadura, la violencia política como una herramienta política legítima y legitimada en el discurso social. Se puede ver en Espert, en Revolución Federal, en Jóvenes Republicanos, y en sectores de la juventud que responden a Bullrich. En algunos representantes parlamentarios del PRO, siendo uno de los más notorios Fernando Iglesias. Milei es una más de estas expresiones. Han atravesado un límite, donde la confrontación ya no es solo en términos de ideas o de proyectos políticos, sino que se pasa a la posibilidad de legitimar la agresión directa hacia el otro, producto de esta idea de "tienen que desaparecer de la política". La idea no es derrotarlos, sino que dejen de existir. Y eso alimenta mucho la posibilidad de que esto implique llevar ese discurso simbólico a la acción.

Si bien señala que entre todas las derechas que han ido surgiendo en los últimos años hay diferencias y matices, hay algo que los une: lo que Feierstein llama "la irradiación política del odio". "Es lo que caracterizó históricamente al fascismo. Por eso en discusiones con otros académicos yo insisto mucho en la caracterización de estos movimientos como fascistas o neofascistas. Porque toman el corazón de lo que implican las prácticas fascistas, que es esta capacidad de la irradiación capilar del odio".

Dentro de los que adscriben a esta corriente hay debates. Mientras que algunos como Gutiérrez —"la derecha cambió y cambió para bien"— y Rinaldi —"la nueva derecha se liberó del karma de estar asociada al último proceso militar, se sacó la cosa de que si sos de derecha sos la dictadura"— sostinen que este campo está libre de los pecados del pasado, otros presentan matices y discusiones.

Danann y Maslatón marcan que no solo el líder está contaminado por estas ideas sino que en su base se replican.

—En el electorado liberal se está dando un fenómeno que a mí no me gusta nada que es la negación de la democracia, diciendo "bueno, si gano las elecciones está bien pero si pierdo los que ganaron no tienen por qué imponerme nada". Es lo que pasó con Bolsonaro. Estoy bastante enojado con el desprecio a los derechos humanos, con la indiferencia, con la inconsciencia. Esto antes en la UCD no pasaba, todos estábamos comprometidos con la democracia. Es una cosa nueva esto, acá hay negacionismo, características propias de un fascismo de elite. Que de repente se discuta el golpe militar, la democracia y los desaparecidos lo veo como una herejía, como una tergiversación de la ideología liberal—, sostiene Maslatón.

El caso de Danann es interesante para analizar. Es que el fantasma que alimenta el supuesto poco apego por la democracia de políticos como Milei no son solo sus alianzas o declaraciones, sino también las formas. El libertario, justamente, se hizo conocido por sus rabiosas peleas en los medios, y por su enojo permanente, un registro violento que muchos de sus seguidores copian. Quizás sea por eso que en un momento, previo al atentado contra Cristina Kirchner, los integrantes de Revolución Federal iban a los eventos de Milei. En el de Gerli, el primer acto del libertario en el conurbano a mediados de 2022, este grupo —que tenía conexiones con los fallidos asesinos de la vicepresidenta— estaba en la primera fila.

El influencer Danann tiene muy presente en sus videos la idea del choque con todo lo que se parezca a izquierda. Como ya se contó, son los clips en los que se cruza con "progresistas" los que más se viralizan. Y, cuando rompió con Milei, comenzó a sufrir en carne propia el hostigamiento digital de los seguidores del libertario.

—Voy a decir algo horrible. Para mí los que se ceban con mis videos son mis hijos retardados, perdón. No entendieron mis videos, no entendieron el concepto ni el mensaje, lo único que entendieron fue la vehemencia o la incorrección política, que es parte del personaje y no es el fondo de la cuestión. Entonces estos chicos no es que dicen vehementemente o pintorescamente un mensaje, sino que dicen estupideces sobre los demás liberales y sobre la oposición. No están construyendo nada, están tomando lo que tendría que ser pintoresco de un discurso y convirtiéndolo en el equivalente de derecha de lo que son las feminazis.

—¿Y no hay un meaculpa que hacer ahí?

—Es que yo creo que la gran mayoría de la gente que consume mi contenido entendió perfectamente el mensaje, si no habría mucha más gente haciendo lo que hacen estos turulos. Me parece que eso es algo con lo que uno tiene que aprender a lidiar, digamos. A ver, el tipo que mató a Lennon pensó que había interpretado el mensaje del libro *El guardián entre el Centeno* y la verdad es que no. Yo lo leí y no me dieron ganas de matar a nadie. Lo que quiero decir es que es muy falaz el argumento. Solamente en mi cuenta de Youtube tengo alrededor de diez millones de reproducciones por mes, y hace 10 años que vengo haciendo este tipo de contenido. Si fuera nuestro contenido el que genera una situación como esta tendríamos a millones de personas cagándose a tiros o saliendo a matar políticos y no es el caso. Es como lo de Lennon: hay gente que lo interpreta para el carajo.

—Pero alguna explicación de porqué los de Revolución Federal iban a los actos de Milei tiene que haber.

—Después cuando se encontraron los chats mostraban que justamente la ideóloga del supuesto intento de magnicidio (Brenda Uriarte) dijo que la razón por la que había mandado al turulo este era porque veía que los tipos como nosotros no éramos violentos. Dijo "me harté de los libertarios, ninguno es violento, voy a tener que hacer las cosas yo". Claramente son

198

dos personajes que fueron a buscar contenido violento y no lo encontraron. Entonces decidieron hacer la estupidez que hicieron.

—¿Es violenta la nueva derecha?

—No. La nueva derecha tiene libertad, la vieja tenía menos libertad. La nueva aprendió a competir dentro del sistema democrático. La vieja Derecha era antisemita, la nueva es todo lo contrario. Bolsonaro ganó en Israel y perdió en Palestina.

* * *

Ansiedad por la recuperación de un gran relato que explique el mundo. Frustración frente a un futuro incierto. Nostalgia por los valores de épocas pasadas. Transformación de las formas de producción y sus consecuentes modificaciones de la subjetividad. Talento para canalizar un enojo que está más que justificado. Un mundo entero que empieza a girar a otro compás. Todas estas son un puñado de explicaciones que, a modo de pautas, pueden ayudar a entender por qué el rugido del león es tan fuerte. Hay un entusiasmo, una erotomanía, que este libertario enojado y un poco chistoso, de pelos revueltos y discurso iracundo, despierta en todos los cachorros de su manada.

Pero más allá de los debates hay una sola cosa clara: Milei funciona, y es un fenómeno que llegó para quedarse.

16

Los pecados del padre

— Beto, decime la verdad. ¿Tu hijo está loco? ¿O se hace?

— Sí, siempre fue así. Salvaje, vehemente, muy rebelde. Por eso lo tenía que fajar.

El que responde de una manera que deja mudo al resto es Horacio Norberto Milei, en la primera mitad del 2018. Está acomodado en una de las mesas del fondo de La Calesita, una coqueta parrilla de Vicente López, esperando un plato de cordero. Es parte de una rutina que tiene bien aceitada y que se repite religiosamente una vez al mes.

Ahora, sin embargo, come menos que en otra época. En el 2013 se hizo una cirugía bariátrica en la Fundación Favaloro, el método más común de baypass gástrico, y le sacaron una parte del estómago. "Beto" padecía obesidad mórbida. La operación lo había dejado mucho más flaco y con menos apetito.

—Ojo, me achicaron todo menos la cabeza—, bromea el padre de Milei, que sigue con los reflejos rápidos a pesar de la intervención y de estar pisando los ochenta años.

No poder comer todo el cordero, su plato preferido, no es el único motivo de la molestia que trae hoy. Es que el destino, o tal vez el karma, se estaba tomando en esos días una especie de revancha. Su hijo, al que nunca trató como lo merecía, está haciendo explotar el rating en la televisión. Milei junior es una estrella en ascenso de la farándula local, y su padre tiene que soportar —si es que no cambia de canal— verlo y oírlo casi a diario. La comunicación que no tienen entre ellos se da, en un giro extraño, a través de la pantalla.

El nombre que se está empezando a hacer su crío trae, además, un problema adicional, totalmente inesperado. Sus socios, conocidos y amigos le preguntan por el economista, quieren saber de él, quieren saber de sus arranques, de sus enojos, de su pelo. Quieren saber si "está loco o se hace". El chusmerío que suele rodear a cualquier figura mediática ya alcanzó al libertario. Y también a su padre ausente.

Norberto, como no podía ser de otra manera, no convive bien con esta imprevista realidad. Tiene algún sentido. Su hijo cuenta en las redes y en los medios que su papá era una bestia bruta y malvada, que lo golpeó, torturó, extorsionó y atormentó durante décadas. En aquel 2018, año donde el feminismo y las luchas contra la violencia patriarcal tuvieron un auge en Argentina, ese tipo de conductas estaban en el pico histórico de desaprobación social.

Lo que anda diciendo Milei en programas que ven miles de personas sería para cualquier ciudadano un asunto imposible, motivo de cancelación. Llevaría a cualquiera, por pudor, culpa, arrepentimiento o cálculo, a mostrarse compungido, o al menos a procurar guardar un estratégico silencio. No es ese, sin embargo, el caso de "Beto". Él, como cualquier padre abusivo y golpeador, tiene una psicología extraña.

Es que Norberto hace algo que se escapa de todos los manuales. Quizás lo piense como una última forma de desacreditarlo, para mostrar que es él quien sigue al mando. Quizás, ante el fenomenal éxito de su hijo, simplemente no se quiere sentir menos. Quizás se siente inseguro. Quizás esconde un miedo genuino. Es imposible saber qué pasa con exactitud por su cabeza. Pero lo cierto es que cada vez que le preguntan sobre su hijo, no tiene reparos en confesar los tormentos y las palizas que le daba, casi como si fuera motivo de orgullo.

"Por eso lo fajaba", es un remate que usa seguido cuando habla del libertario. Es la respuesta que da, como si los gritos desaforados del economista en la televisión le hubieran dado la razón.

* * *

El cuarteto que se juntaba a cenar en La Calesita se completaba con el abogado Eduardo Vacirca, el contador Eduardo Cunquero y el dueño de la batuta, el empresario Ricardo Manzon.

"Tito" Manzon era el dueño una muy conocida concesionaria de Vicente López. Llevaban 25 años vendiendo los autos japoneses cero kilómetros —sin tener jamás una mancha en su reputación— y controlando una parte sustancial del negocio automotor: era distribuidor oficial de todos los repuestos de esa marca en Argentina. El negocio andaba muy bien.

Los cuatro parroquianos tenía cita todos los meses. Era un equipo que funcionaba de memoria. Cuquero —también asesor del senador y luego gobernador de Santa Fe, Omar Perotti— se encargaba de las cuentas. Vacirca—director de su propio estudio jurídico y titular de tres cátedras en Derecho de la UBA— mantenía los ojos abiertos ante cualquier agujero legal. Manzon era el empleador de todos. En cambio, el rol de Norberto Milei era más difuso, más oscuro, igual que él.

—Si por la calle van los ladrones y por la vereda los ciudadanos honestos, "Beto" se movía por el cordón—, dice Vacirca, desde un asiento en el salón de profesores de la Facultad de Derecho, un rato antes de dar una sus clases.

Había pasado mucha agua bajo el puente desde que Norberto había dejado de ser el colectivero de la línea 112 y de la 21. Pero Vacirca, que cenó con él una vez al mes desde 2017 hasta que llegó la pandemia, cuenta que todavía mantenía las formas y los modos de la época en la que llevaba una cachiporra escondida al lado del asiento del conductor.

—Era un tipo grande, alto, robusto. Muy rápido y muy vivo. Y también jodido. Se notaba que estaba curtido de su época de colectivero. Él pensaba que en la vida se avanzaba a base de golpes y aprietes. Y se ve que llevó esa violencia a su casa.

Vacirca fue el último en sumarse a esa mesa de negocios. A pesar de que entabló una relación de mucho cariño con Manzon había cosas que no sabía y que, como buen abogado, no le molestaba no saber. Algo que desconoce, por ejemplo, es cómo se conocieron Milei padre con "Tito", que llevaban trabajando "décadas" juntos para la época en la que él se sumó. El profesor de Derecho dice que alguna vez escuchó que fue en la calle: en lo que parecía otra vida, Norberto manejaba un colectivo y Manzon un taxi. Pero tampoco lo puede afirmar.

Había otro asunto sobre el que, decididamente, prefería no entrar en detalles. Era sobre lo que Milei padre hacía con el dinero que Manzon le daba para "trabajar". Es que, como el grueso de las concesionarias, la verdadera ganancia no estaba en los cero kilómetros ni en los repuestos, sino en la compra venta de autos usados. Es un negocio simple, pero con una condición: implica que el concesionario que adquiere un coche viejo como parte de pago de un cero kilómetro tenga la espalda económica suficiente como para poder esperar el momento indicado para venderlo al mejor precio.

Ese era el caso de Manzon. La lógica era comprar barato para vender más caro, aunque con dos particularidades.

Una era que en aquella época donde el dólar oficial y el blue ya empezaban a tomar distancia, esta empresa tenía su propia cotización de la moneda estadounidense. "El dólar Tito", lo llamaba con gracia el cuarteto de la parrilla de Vicente López. Compraban las unidades al dólar oficial para después venderlas "dólar Tito", más cercano al paralelo.

La otra singularidad era sobre el corazón de este tipo de transacciones: la comercialización de los autos usados. Lograr vender un coche fuera del alcance de los controles estatales y de los altos impuestos es donde está el verdadero margen de beneficios para cualquiera que trabaje en el rubro automotor.

Vacirca, consejero legal del grupo, cuenta que acá entraban a jugar las habilidades de Milei padre. En esta intersección que queda más allá de los ojos del Estado. Según el abogado, Milei padre era el encargado de "trabajar" el dinero que dejaban los manejos contables de aquellos negocios. Lo recuerda porque eran temas que se hablaban en la cita mensual en La Calesita.

Según el relato del abogado, el padre de Milei pasaba a buscar el dinero (en una época menos bancarizada que la actual) por el cuarto chico, sin ventanas ni aire acondicionado, que la concesionaría tenía arriba de su local de Vicente López.

De acuerdo a Vacirca, "Beto" se encargaba de acrecentar y resguardar las ganancias obtenidas de esa forma. Compraba departamentos, fondos comunes y cualquier otro tipo de inversiones que permitieran eludir de la mejor forma los requerimientos del fisco.

Ricardo Manzon murió durante la pandemia y Vacirca ayudó a la familia a armar la sucesión familiar. Este abogado, tan cercano al fallecido empresario, calcula que en la última década ese negocio habría generado una rentabilidad cercana a los 50 millones de dólares.

Milei padre era, también, el que se encargaba de cerrar los acuerdos que venían difíciles.

—"Tito" lo mandaba cuando la cosa se ponía un poco complicada. "Beto" era el mejor para eso. Por ejemplo, una vez vino uno al que se le debía algo así como cinco millones de pesos. "Beto" le dijo: te damos dos o nada, y se puso bravo. El tipo terminó aceptando los dos. "Beto" se manejaba con violencia a la hora de negociar, no tenía problemas en ponerse duro, en apretar. Era bravo.

El abogado, de más está decir, no tiene idea de cuánto de todo este dinero terminó en el bolsillo de Milei padre. Pero quizás sea esto lo que explique parte del salto desde un colectivo a vivir en una de las torres más exclusivas del país. Fue un crecimiento tan grande que, como ya se contó, levantó en un momento las sospechas del propio Javier Milei.

* * *

El ascenso de Norberto Milei en el escalafón económico fue tan vertiginoso como llamativo. Cumplió el sueño de cualquier trabajador de pasar de empleado a jefe, y encima en la propia empresa para la que se desempeñaba.

Pasó de manejar un colectivo de la línea 21 a comprar esa compañía. A fines de los 90 ya se había convertido en dueño de Teniente General Roca SA, la empresa que controla la línea 108 y la que lo tenía a él de chofer. Pero no se quedó ahí, sino que también compró Rocaraza SA, que posee la 31 y la 146. Se había convertido decididamente en un empresario del transporte.

Vivo, rápido y sin miedo a nada, Milei padre iba para adelante. Y en 2004 volvió a dar un vuelco inesperado a su vida empresarial.

Además de seguir manejando las líneas de colectivo, se convirtió en presidente de Francisco Viedma SA. Una compañía muy alejada del mundo por el que se había movido toda su vida hasta entonces. Se trataba de una financiera. "Incluye también actividades de inversión en acciones, títulos, la actividad de corredores de bolsa, securitización, etc.", según su inscripción ante la AFIP.

No sería, sin embargo, su último giro empresario. Una vez que, se ve, ya había dominado el arte de manejar una empresa de transporte urbano y una financiera, "Beto" emprendería otro desafío. Era el momento de ir al campo. En el 2007 adquirió Buena Yunta SA, dedicada a la explotación ganadera y agropecuaria, y en el 2008 Campo La Ponderosa SA, una firma abocada al cultivo de algodón, trigo y maíz.

Pero Milei padre todavía tenía una sorpresa más en el tintero. Quizás el mundo de los colectivos ya lo había aburrido, lo mismo que tal vez le pasó con las tediosas finanzas y el difícil negocio del campo.

En 2011 incursionó en otro universo más y constituyó la inmobiliaria Graviar SRL. "Compra, venta, permuta, alquiler, arrendamiento de propiedades inmuebles", dice la inscripción. ¿Sería esta la inmobiliaria a través de la cual, según el relato de Vacirca, Milei padre movía el dinero de la concesionaria de su amigo Manzon?

* * *

Hay varias aristas interesantes que se desprenden de la biografía profesional de "Beto" Milei. Una, que no deja de ser curiosa, es que tanto Cristina Kirchner como Javier Milei tuvieron padres que arrancaron como colectiveros y que terminaron como empresarios del transporte.

Otro dato llamativo es que a pesar de que Norberto estuvo históricamente alejado de su hijo, al resto de la familia la tuvo siempre muy cerca. No solo en sus afectos, sino que hasta la cobijó en sus negocios.

En el 2015 su hija se convirtió en directora suplente de Campo La Ponderosa SA, y al año siguiente se sumaría al directorio su esposa Alicia. La familia, salvo por Javier, estaba unida. Si esto es cierto, ¿sería Norberto quien ayudó a Karina a montar su primera empresa? En enero del 2007 la hija menor abrió Neumáticos Acassuso SRL, una sociedad dedicada a la compraventa de neumáticos y de "lubricantes de todo tipo, así como los servicios de gomería y lubricentro". ¿De dónde sacó la hija menor el dinero para abrir este emprendimiento? ¿Dónde obtuvo Karina el background para desempeñarse en este rubro? ¿Del padre? ¿Tendría Neumáticos Acassuso SRL alguna conexión con el negocio de Manzon?

En la carrera de Milei padre hay también pinceladas de ese "andar por el cordón" que contaba Vacirca. El 14 de agosto de 2008 la Justicia lo encontró culpable de no pagar impuestos. Fue a raíz de una demanda que le inició la Dirección de Fiscalización del Área Metropolitana, que dependía de la Dirección Provincial de Rentas, la actual ARBA. Ese organismo descubrió que Teniente General Roca SA, una de sus empresas de transporte, no había pagado impuestos en 2002 y en el 2003. El monto que se "olvidó" de abonar al Estado fue de $99.280,41, que sumados a una "multa por omisión del 20%" de $19.280,41 daban un total de $118.560,82 a pagar. Hoy serían 11 millones de pesos.

El otro dato llamativo es lo que surge de una búsqueda en Open Corporate, la base de datos de empresas más grande, completa y respetada del mundo. Ahí aparece el nombre de Norberto Milei, pero no arriba de un colectivo, sino por su paso como director de dos offshore radicadas en Miami. Alkary Investments LLC fue creada el 14 de enero de 2015 y Alkanor Investments LLC el 20 de septiembre de 2019. En ambas figuraba en el directorio junto a su esposa y su hija. ¿Sería por eso el nombre? "Alkary" es la suma de Alicia y Karina, y "Alkanor", de Alicia, Karina y Norberto. Sin embargo, más que la denominación, las grandes dudas pasan por otro lado. ¿Para qué necesitaba el otrora colectivero tener dos offshore? ¿Para qué las usaba?

Además, el emporio Milei no se queda ahí. Según consta en el sitio UniCourt —una reconocida base de datos que brinda información y documentos de casos judiciales de todo Estados Unidos—, "Alkary" tiene al menos una propiedad en el país del norte. Y estaría en apuros legales, ya que le iniciaron por lo menos dos demandas. Una la hizo el Italbank International Inc el 2 de agosto de 2021. El banco busca ejecutar una hipoteca por un condominio en la dirección 4010 South Ocean, a nombre de Alkary y de Horacio Norberto Milei. La causa quedó radicada en el Palacio de Justicia de Broward, Florida, a cargo de la jueza Andrea Ruth Gundersen.

La otra es del 30 de marzo de ese año, y por el mismo motivo. Invictus Residencial Pooler LP demandó a Alkary por "ejecuciones hipotecarias de bienes inmuebles", un caso que también transita en el juzgado de Miami. En esta denuncia, sin embargo, figura la sociedad y no Milei padre en la lista de imputados.

Lo recién narrado nace de dos grandes bases de datos, muy reconocidas. Los voceros del libertario no respondieron las consultas sobre el tema para este libro. Sin embargo hay una prueba más sobre los vínculos de esas empresas con la familia Milei.

En el registro de autoridades de Alkary, además de los Milei, también está Javier Eduardo Guezikaraian, un financista argentino radicado en Florida. Él no solo es el director de esa sociedad, sino que desde el 25 de abril del 2022 es el único que la preside. Tanto Norberto como su esposa y su hija abandonaron la sociedad para esa fecha. Fue justo poco tiempo después de que en Argentina el hijo mayor de los Milei se convirtiera en diputado.

Está claro que Guezikaraian y los Milei se conocen. Y bastante. "Muy feliz día a tu papá, Javi, besos", le comentó Karina Milei a un posteo en Instagram de Javier Guezikaraian del 20 de junio del 2021. Era un saludo sentido al que le agregó emoticones de corazón, y que el financista le devolvió con un "gracias, igualmente para 'Beto'". La menor de los Milei, además, le puso me gusta en la mayoría de las fotos, y Guezikaraian integra la selecta lista de 207 amigos que tiene ella en su red social. Otra que está dentro de ese exclusivo grupo es Celia Melamed, la mujer que le enseñó a comunicarse con animales vivos y muertos (ver capítulo "La misión").

Hay más. Según @gonziver, el periodista de Twitter que publicó la lista de invitados a la fiesta de cumpleaños de Fabiola Yáñez en la Quinta de Olivos durante la cuarentena, Alkary vendió el 18 de marzo de 2022 —días antes de que los Milei dejaran de estar en su directorio— una casa en Miami a 620 mil dólares.

$$* * *$$

Vacirca mira su reloj y avisa que se tiene que ir a dar su clase en la facultad de Derecho. En los primeros días de marzo la cursada acaba de empezar, y el profesor tiene un aula llena esperándolo. Antes de levantarse de su asiento muestra de refilón una última sorpresa. Es una conversación por Whatsapp con Norberto Milei, de mediados del 2022. "Beto, ¿cómo te va? Soy Eduardo, el amigo de Tito, tanto tiempo".

Para aquel momento llevaban casi dos años sin verse. La última vez había sido en el hospital, cuando fueron a despedirse de Manzon. "Beto" estaba con Alicia, a quien el abogado recuerda como una mujer callada.

Norberto le dijo que sí, que por supuesto se acordaba, y cambiaron algunos mensajes. Vacirca, con pasado en la UCR y con olfato político, le sugirió ideas y nombres para el armado del libertario. Y le preguntó si se las podía transmitir al ahora diputado.

Y esta vez, el padre de Javier Milei ya no le dijo que su hijo estaba loco y que por eso lo tenía que fajar cuando era chico. No, el hombre de la cachiporra en el colectivo, devenido en empresario del transporte, del agro y del mundo de las finanzas, con sociedades offshore, simplemente le dijo que sí, que le iba a transmitir el mensaje a Javier.

Como si supiera que debía alejarse para siempre de la imagen de aquel padre impiadoso y violento que fue.

Ahora sí hablaba con su hijo, que ya no era aquel pibe salvaje que lo sacaba de quicio sino el prometedor líder de la nueva derecha argentina.

Era Javier Milei, el fenómeno más revulsivo y popular de la política argentina.

Epílogo

A mediados del 2018 vi por primera vez al protagonista de este libro. Yo era un periodista de la revista *Noticias*. Él era un freak.

Lo era en un sentido literal. Así lo entiende la Real Academia Española —"persona pintoresca, extravagante o rara"— y también el semanario de *Perfil*. "Efecto Milei: la Argentina freak", fue la tapa para la que posó y luego dio una larga entrevista. Él estaba consagrándose como una figura de la televisión y cuando llegó el economista media redacción se había acercado a ver la producción de fotos que comandó Juan Ferrari.

Era un espectáculo digno de verse. El libertario se había copado con la idea de *Noticias*, e incluso había traído de su casa un gigantesco cuadro estilo Andy Warhol con los rostros de sus cuatro economistas preferidos —Rothbard, Lucas, Friedman y Hayek si no me falla la memoria, que luego se olvidó y quedó durante meses en la oficina del entonces director, Edi Zunino—. Pero Milei, a pesar de haber llegado bien predispuesto, encontró algo que no le gustó y empezó a ponerse caprichoso como un nene: no dejaba que nadie le arreglara el pelo para posar para la cámara. Estaba fastidioso con el tema, sobre todo cuando escuchó la idea de Zunino, que lo quería peinar con gomina como si fuera un moderno Gardel.

Y era raro porque mientras repetía la tajante negativa de dejar que le tocaran el pelo, Milei no tenía el mínimo problema en aparecer agarrando un caño y gritándole a la cámara como un demente. Tampoco lo tuvo cuando a Ferrari se le ocurrió una idea insólita: que agarrara un viejo maniquí con forma de mujer, sin brazos, y que posara con una mano sobre las partes íntimas de la figura de plástico. La foto es fantástica. La nota de tapa, que escribió Alejandra Daiha, tiene una actualidad estremecedora. "Fascinan a un país que también vive al borde y rozan la patología psicológica, pero tienen éxito y poder", decía, sobre el economista y otros personajes excéntricos vernáculos.

Media década después muchas cosas cambiaron. Milei es diputado de la Nación y decenas de miles de personas en el país lo ven como un líder. El libertario hace estragos en las encuestas. Este libro cierra a días del cierre de listas, y en este momento muchas consultoras lo imaginan entrando al ballotage. Pesos pesados de la política local, en especial del PRO, quedaron desconcertados ante el fenómeno de La Libertad Avanza y le pagan fortunas a los estrategas de campaña para intentar descubrir la fórmula que les permita recuperar esos votos perdidos. A esta hora, parecería que no lo van a lograr: Milei realmente fascinó a un país que vive mucho más al borde que lo que en aquel 2018 nos podíamos imaginar. Casi a un paso del precipicio.

Otra cosa que cambió en ese tiempo fue mi manera de acercarme a este fenómeno político y a su líder. En aquella producción de *Noticias* me parecía un personaje cordial y muy simpático, una idea que empezó a crujir a medida que lo fui conociendo un poco más. No solo por las cuatro o cinco entrevistas que le hice, sino por una visita que hizo a un ciclo de charlas con alumnos de periodismo que yo organizaba en la Escuela de Comunicación de *Perfil*.

Fue en noviembre de 2019. En esa ocasión, además de hablar loas de quien días después se convertiría en presidente —"Alberto es muy inteligente, tengo un excelente concepto de él, es un gran armador y tremendamente pragmático"—, se peleó fuerte con uno de los alumnos. El chico, de 18 años y recién salido de la secundaria, le había hecho una pregunta sobre Keynes y la teoría económica. Era una duda completamente bien intencionada y hecha por un adolescente. Milei se sacó. Me llamó poderosamente la atención. Era, ante mis ojos, la comprobación empírica de que lo que hacía ante las cámaras no era para nada un personaje.

Esa sensación se transformó, con el libertario ya lanzado a candidato a diputado, en una distancia cada vez mayor. El grueso de lo que veía en La Libertad Avanza me generaba, cuanto menos, desconfianza. Intuía que la distancia entre lo que decían y hacían era grande. Esa idea fue creciendo a medida que fui investigando a este partido y a su líder, trabajo que luego se convirtió en este libro.

Pero en un momento del camino sucedió algo fuera de cualquier plan. Fui a buscar la historia de un político —otro más— que escondía la suciedad bajo la alfombra, pero encontré algo totalmente distinto. Único.

Me topé, sin buscarlo, con la historia de un chico torturado por sus padres, corrido a un lado por sus compañeros de escuela y rechazado sistemáticamente por sus eventuales parejas. Con el economista que se recibió a pesar de las zancadas que le hacía el papá. Con el hombre que llegó a la adultez con casi ningún amigo y con la desconfianza hacia las personas grabada en su ADN. Con el que nunca quiso ser padre y que terminó adoptando a un perro como su hijo, con el que pasó solo una decena de navidades y años nuevos. Con el que no pudo superar la muerte de aquel animal que tanto quiso y que, sumido en una profunda depresión, terminó cayendo en telépatas, médiums y clones. Con el que está convencido de que Dios lo eligió como un moderno profeta.

Me encontré con la historia de un hombre profundamente solo.

Y cuando llegué a este punto, a un lugar tan alejado de cualquiera de las hipótesis de trabajo con las que inicié esta investigación, volví para atrás. Y entonces vi todo distinto.

Entendemos a Milei como la expresión más descarnada y salvaje de la bronca. "No es un líder, es un síntoma", suele decir sobre él Domingo Cavallo, y es en esa línea que se interpreta al libertario y a su éxito electoral: la encarnación del descontento que hay en la sociedad con una dirigencia política que no viene logrando resultados. Y Milei, el hombre que más enojado está con "la casta", vendría a ser el representante perfecto de esta frustración.

Pero, buceando durante meses en su pasado y en su vida, a través de decenas de entrevistas con quienes mejor lo conocen o conocieron, escuchando horas de sus discursos y de sus peleas, leyendo sus libros y sus trabajos, encontré lo que creo que podría ser el descubrimiento más importante de este libro.

Quizás Milei no esté enojado. Quizás no tenga bronca. Quizás Milei tenga miedo.

La furia que lo hizo famoso sería entonces solo la cara visible de este sentimiento. Y tal vez todo esto sea solo un reflejo de la terrible falta de cariño que lo acompañó a lo largo de su vida. De los golpes de un padre que durante décadas le aseguró que no servía para nada.

De ese miedo que desde entonces lo sigue a donde va.

* * *

Una investigación periodística que pone el foco en un líder político con máximas aspiraciones de poder no puede obviar las particulares características del comportamiento de Milei.

No puede obviar quién realmente es, desde las golpizas que recibía de su padre, el bullying escolar y la falta de amigos y de parejas hasta su supuesta capacidad para comunicarse con animales, con seres que están muertos -como le enseñó una médium que dice poder hablar con mosquitos y con el Covid- y con "el Uno", el que le encomendó "la misión" de meterse en la política para ser presidente.

Javier Milei es capaz de comprender que ese don, que está seguro de poseer, es una cualidad que para los demás resultaría delirante. De hecho, que hasta ahora no se conociera es solo porque se cuida de mencionarlo únicamente entre sus allegados de confianza, a los que les exige mantener la mayor confidencialidad al respecto porque "dirían que estoy loco".

Algunos, como su hermana Karina, están convencidos de que tanto ella como él poseen esa habilidad. Otros se sonríen a espaldas de ambos y le restan trascendencia al tema. Algunos lo hacen porque prefieren creer que es una broma y otros, sobre todo los que dependen de sus votos para subir peldaños en el escalafón social o político, porque saben los riesgos que esa afirmación conllevaría.

Sin embargo, llegado a este punto, a la última página de esta investigación, lo importante no es lo que yo pienso, las revelaciones informativas, las interpretaciones psicoanalíticas o las opiniones que genera el mayor exponente de la nueva derecha.

Ni siquiera importa tanto lo que Milei piense.

Lo verdaderamente trascendental es que miles de argentinos están convencidos de que él es su salvador.

Y en el intento por conocerlo a él, este libro termina siendo una radiografía involuntaria de esa parte de la sociedad quebrada anímica, física y, sobre todo, económicamente. También del círculo rojo que lo potenció, de los periodistas y medios que -por adicción al rating- ayudaron a crear su fama y de cómo se mueven las nuevas audiencias en tiempos de redes y clickbait. Una prueba de la agonía de los dos grandes partidos políticos que hace no tanto contenían al grueso de la población; de ese fantasma llamado nueva derecha que recorre el mundo y que llegó a Argentina con la suficiente fuerza como para instalarse en sus 24 provincias y para empezar a crear dirigentes, militantes y partidos.

Una radiografía de esta Argentina aterrorizada, sola y agobiada de la que Javier Milei es apenas su mayor exponente.

Bonus track 100% barrani

Carlos Maslatón está sentado en un bar del centro porteño. Para matar el tiempo, mientras espera que el mozo le traiga su tercer café de la mañana, agarra el celular y actualiza una página de finanzas online. Después de medio minuto de análisis vende 50 mil USDT, una criptomoneda atada al valor del dólar. Deja el teléfono y agarra "Hablando con el diablo", un libro de entrevistas del periodista italiano Riccardo Orizio a una decena de dictadores de todo el mundo, entre los que se encuentran Idi Amin —el ugandés retratado en la película "El último rey de Escocia"—, el "presidente vitalicio" de Haití Francois Duvalier y el nicaragüense Manuel Noriega.

—¿Cuál de todos estos sería Milei? —se pregunta en voz alta.

El abogado e influencer, que en el 2021 fue uno de los que convenció al economista de dar el salto a la política y que hasta poco soñaba con verlo presidente, es hoy uno de sus enemigos y protagonista central del quiebre dentro del liberalismo vernáculo.

Maslatón busca la respuesta en el índice. Después de pensarlo un rato dice que su otrora aliado se parece a Jean Bedel Bokassa, el emperador que gobernó de 1966 a 1979 la República Centroafricana con mano de hierro. La carrera de Bokassa es menos conocida que las prácticas que, luego de su caída, le costarían la pena de muerte. Había arrancado su gestión prometiendo una revolución social, política y económica, pero apenas consolidó su poder capitaneó una feroz tiranía que incluyó masacres y hambrunas. Cuando fue derrocado, en los frigoríficos del palacio presidencial encontraron una veintena de cuerpos de exaliados suyos masticados. El emperador ganó su lugar como el caníbal más famoso de la historia moderna.

Quizá Maslatón compare a Bokassa con Milei por como ambos, rápidamente después de un ascenso vertiginoso, mostraron su verdadero rostro. O quizás se imagine, salvando las enormes distancias, que a él también lo quieren poner dentro de ese freezer. Que el león se lo quiere comer.

* * *

Carlos abrió la puerta y sintió que algo andaba mal. La casa de Villa Crespo, siempre alborotada por los gritos de los chicos y el ruido del taller textil sirio-libanés, estaba en absoluto silencio. En la cocina, el niño de trece años encontró a su madre sentada con la mirada clavada en el piso. A su lado, un hombre largo y de sobretodo —al que Carlos no había visto nunca— revisaba, una por una, las cartas desparramadas sobre la mesa. El extraño miraba con repugnancia los sellos impresos en los sobres: Alemania Oriental, Unión Soviética, Cuba, Vietnam. Al verlo entrar, el desconocido interrumpió su tarea y le extendió la mano. Se presentó como un agente de Aduana. Le explicó que estaba tras la pista de centenares de cartas provenientes de países comunistas, todas con un mismo destinatario: Carlos Gustavo Maslatón, Gutemberg 3270.

—¿Vos lo conocés? ¿Dónde está? —preguntó con aire amenazante.
—Soy yo —contestó el chico.

El falso agente de Aduana lo miró sorprendido. En aquella Argentina dictatorial un cruce sospechoso de misivas con países comunistas podía merecer —cuanto menos— una acusación de subversivo. Caer en esa lista negra se podía pagar con la vida. A Carlos le llevó un buen rato convencer al hombre de que no mentía: todas esas cartas eran respuestas de estaciones de radio a las que él le había escrito para confirmar que estaba sintonizando bien las antenas de larga distancia que había instalado en su terraza.

—¿Hasta cuándo vas a joder con estas cosas, Carlitos? —le preguntó la mamá cuando estuvieron solos.

Entre las cualidades que distinguen a Carlos Maslatón hay una que resalta por sobre todas: la extraña satisfacción de incomodar a los demás. Una característica que él se esfuerza por hacer notar y que entrena a diario. Nada en esta vida lo mueve más que "joder", podría decir su madre.

Desde el episodio con el falso agente de la Aduana pasaron cinco décadas, pero ese rasgo suyo no cambió ni un poco. Joder es el motor de su vida. Jodiendo logró la atención nacional cuando se instaló como el primer y máximo promotor mediático de la militancia contra la cuarentena. Con la chapa y el reconocimiento que le dio en el público liberal esa beligerancia se convirtió luego, en el arranque del 2021, en uno de los promotores centrales de la candidatura de Milei.

Maslatón fue pieza clave de la primera campaña de La Libertad Avanza. Era el conductor de los actos, a los que movilizaba a sus miles de seguidores en las redes. Más de una vez los fans de Milei partieron hacia los eventos desde la puerta del domicilio del abogado. El abogado también puso plata de su bolsillo, abultado por el hecho de ser el rey argentino del Bitcoin y de las criptomonedas, y acercó amigos de las finanzas para que colaboraran con su parte. Tanto en su caso como en el de sus conocidos se trató de una contribución voluntaria de miles de dólares. Algunos iban para la campaña en general, y otros directamente a los bolsillos de los candidatos que necesitaban un apoyo económico.

Pero su principal aporte al armado fue "bendecirlo" con su presencia, algo parecido a lo que sucedió en Cambiemos con la incorporación de Elisa Carrió. Es que el corazón del liberalismo porteño, y el grueso de las segundas y terceras filas del espacio, tienen a Maslatón como su gran referente ideológico. "Parte de la mística y de la épica de LLA es por Carlos. El espacio es culturalmente maslatoneano", sintetizó el usuario @SagazLuna, un militante reconocido en el frente.

Por eso es que la última pirueta del abogado, su última provocación, supuso un golpe al corazón de La Libertad Avanza. Su pelea a cielo abierto con el líder fue el equivalente, puertas para adentro, de un divorcio entre papá y mamá. Fue Maslatón el primero en dar un portazo al espacio, a mitad de 2021, en lo que fue el primer capítulo de una larga interna que se devoró también a otros popes del armado. Fue el abogado quien denunció por sus redes y por los medios algunas de las oscuridades del mundo de Milei que narra este libro. Desde entonces mantiene una cruzada pública contra el libertario, pero en especial contra el operador Carlos Kikuchi ("López Rega", lo llama) y Karina ("Isabel").

—Hay un giro al fascismo. Milei traicionó a toda la militancia liberal para privilegiar solo los negocios de la casta política. Es espantoso lo que le está pasando a él. Entre su evolución psicológica hacia el odio a todas las cosas y personas, y el ambiente cultural político que lo ha rodeado y entornado, está migrando su ideología del liberalismo teórico hacia el más inhumano fascismo— dice.

El divorcio entre el libertario y Maslatón produjo una herida profunda a la "mística" y a la "épica" del espacio. A Milei le significó la escisión de una parte del liberalismo que seguía al abogado, que empezaron a criticarlo por las redes por sus controversiales alianzas políticas y por su "mesianismo". Al influencer le supuso quedar en la lista negra del mileísmo y de sus fans. A partir de que hizo pública la interna, a Maslatón lo empezaron a acusar de ser un infiltrado a sueldo de Sergio Massa —con quien tiene una larga relación y con el que se reunió varias veces en su era de ministro de Economía—, enviado para romper el armado desde adentro.

—La Libertad Avanza tiene a muchos delirantes adentro, está en crisis interna y corre peligro de autodestrucción. Pero yo voy a ser el último que se vaya y apague la luz

* * *

Para experimentar la pasión de Maslatón por joder e incomodar hace falta poner un pie en el piso 18 del Kavanagh, el lujoso edificio donde vive a metros de los empresarios más poderosos del país, como Paolo Rocca y Benito Roggio. Apenas se abre la puerta de rejas del ascensor, que comunica directamente a su casa de 222 metros cuadrados, aparece Carlos en toda su plenitud: una mano de dedos chicos, custodiada por un reloj que parece caro, con la palma abierta invitando al pecado sanitario. En ese gesto —podría decir el escritor español Javier Cercas— se adivina su rasgo más profundo. Antes de la pandemia Maslatón era de esos que preferían evitar el contacto físico al saludar. Ahora, en esta entrevista de principios del 2021, la primera de toda la saga, lo disfruta sin pudor. Y lo convirtió en un transparente desafío a sus interlocutores.

—Acá está prohibido usar barbijo —advierte, mientras con su metro sesenta franquea la entrada a un living repleto de obras de art déco.

Es una oferta que no se puede rechazar para entrar al extraño mundo de Maslatón: en plena llegada de la segunda ola de Covid el tapabocas, la distancia social, el alcohol en gel, la ventilación cruzada y cualquier tipo de cuidado contra el Covid-19 están estrictamente vedados en su hogar. La pandemia —y quizás la vida misma— parecería que para él es poco más que un juego. Uno en el que gana el que logra irritar al otro.

Hay que bucear mucho en las profundidades de la llamativa fauna política local, donde todavía sobreviven negacionistas, nazis o militantes antiderechos de todo tipo, para encontrar a alguien que incomode tanto como él. Fundamentalmente por la pulsión que tiene de hacerlos públicos y, sobre todo, de presentarlos de la manera más incorrecta posible.

—Es que yo me pongo mal si lo que hago o digo no cae mal, no jode. Necesito tener enemigos, lo vivo como una necesidad. Para que te des una idea, yo necesito que al menos un tercio de mis seguidores me repudie completamente.

Esa "necesidad" de ser insultado es lo que lo distingue por sobre el panteón de enemigos públicos de una buena parte de la sociedad argentina.

* * *

Desde marzo de 2020 Maslatón le puso el cuerpo —a pesar de entrar dentro del grupo de riesgo— a la lucha contra el encierro sanitario que decretó el Gobierno. No respetó un solo día de confinamiento. Se la pasó despotricando contra la "mentira" del virus y criticó la "dictadura comunista" de Alberto Fernández y Horacio "Sombrilla" Larreta, un apodo de su autoría en un irónico homenaje por las falsas playas que construyó en la Ciudad en 2018.

Mientras en Argentina aumentaban los índices de pobreza, Maslatón salía a comer a restaurantes clandestinos y compartía en sus redes fotos de exuberantes facturas —que llegaban hasta los 50 mil pesos— junto a una frase que acuñó y luego se convirtió en uno de los emblemas —además de todo tipo de merchandising— del movimiento anticuarentena: 100% barrani.

—Barrani es un término árabe, muy utilizado por los judíos de Damasco, de donde vienen mis abuelos. Es muy usado en los comercios de Once: dame una parte en blanco y otra barrani, por izquierda. Es la defensa del consumidor y comerciante frente al Estado ladrón.

—Pero la frase quedó más ligada a los que se rebelaban contra la cuarentena que a la economía informal.

—Es que yo fui el primer militante contra el encierro comunista en todo el mundo, antes que Trump o Bolsonaro. Fui un violador serial de las imposiciones de una dictadura maoísta: en lugar de distanciarme, me acerqué; en lugar de dejar de saludar, saludé. ¿Y me pasó algo? Nada, ni me va a pasar nada, me decían que iba a estar muerto y estoy perfecto. Quisiera que me recuerden así, como el adalid de la anticuarentena.

Aunque Maslatón fundó UPAU, la juventud liberal más importante de la historia local con la que abrió un acto para 65 mil personas en 1985, aunque probablemente sea el multimillonario argentino que posee más Bitcoins, aunque en su teléfono tiene agendados los números de Alberto Fernández, Mauricio Macri y de otros presidentes, y aunque desde hace años tiene a miles de seguidores que lo idolatran como a un semidios —gesto que devuelve juntándose rigurosamente todas las semanas con un grupo de ellos al azar—, fue su peligrosa militancia contra la cuarentena lo que hizo que su figura se viralice.

—Estamos en un gobierno totalitario de tipo maoísta que inventa un problema que no existe.

Eso se lo dijo, sin una mueca de gracia, a la periodista Ernestina Pais, cuyo padre fue desaparecido por la dictadura. Era agosto de 2020 y los muertos por Covid en Argentina llegaban a 10 mil. En el estudio, los panelistas hacían esfuerzos por no perder la compostura.

—Vos estás para ir a Carlos Paz con este monólogo—le gritó la conductora antes de abandonar la entrevista.

Aún cuando lo empezaron a insultar, el rostro de Maslatón que aparecía del otro lado del Zoom no se movió de su invariable pose foto carnet. Ese picante ida y vuelta de veinte minutos en Intratables fue furor en las redes. #MaslatonEnIntratables, #Maslatón, #PartidoComunistaChino y #Ernestina se convirtieron en trending topic en minutos, en el primero de varios debates televisivos que mantuvo en el prime time durante la pandemia.

—No creemos que el presidente sea un dictador —dijo Fabián Domán, a modo de epílogo—. Y tampoco maoísta.

* * *

Maslatón dice que la borró de su memoria. Que de esa noche afiebrada de noviembre de 1987 —y eso que él jura tener una memoria perfecta— no le queda ningún recuerdo. Tiene sentido: aquel día terminó inconsciente y en una cama de hospital.

Quien sí tiene presente aquella jornada es Hernán Lombardi. El radical llegó a las cinco de la mañana a la Facultad de Ingeniería a ayudar a un conteo de votos que parecía irreversible: los últimos días del año anunciaban el fin del monopolio de la Franja Morada en la Universidad de Buenos Aires y el principio de la descomposición del gobierno de Alfonsín. El pesar que arrastraba Lombardi era la contracara del éxtasis de Maslatón, que ganaba con Unión para la Apertura Democrática, su agrupación liberal, ese centro de estudiantes —y otros 59 en el país—, y se convertía en la joven promesa de la política argentina. Aquel era un éxito que los perdedores de las elecciones no iban a perdonar.

Lombardi puso un pie en la sede de Paseo Colón en el momento exacto en que una turba enfurecida sacaba a Maslatón por la ventana rota de un taxi. Según la víctima eran 200; para Lombardi, varias decenas; "más de 30", dijo al día siguiente el diario La Prensa. "Los agresores lo identificaron y comenzaron a destruir el coche particular del taxista a golpe de puño. Otro grupo, coordinadamente, lo retiró del automóvil y, arrojándolo al piso, comenzó a golpearlo con puntapiés, palos y elementos cortantes", relató el diario.

Lombardi llamó a dos amigos y juntos se abalanzaron sobre Maslatón, que para ese entonces ya había perdido la consciencia. Mientras uno de los ocasionales ayudantes arrastraba, como podía, al joven liberal desmayado y ensangrentado, Lombardi se convirtió en el nuevo blanco de la bronca generalizada.

—Ahí me empezaron a pegar a mí, y eso que yo con Maslatón no coincido en casi nada. Pero si no nos metíamos lo iban a matar —dice hoy el exfuncionario de Macri, que en aquel entonces logró subir al herido a una ambulancia.

Diez días después de la paliza, el entonces todopoderoso ministro del Interior, Enrique "Coti" Nosiglia, recibió a Maslatón. El joven liberal se había convertido en noticia nacional por el ataque, en un raid mediático que incluyó una visita al programa de Bernardo Neustadt. Todavía exhibía una fractura en su mano derecha, varias en las costillas y decenas de moretones en todo el cuerpo, especialmente en la cara.

—Pero no me mataron porque yo soy invencible, indestructible e inmortal —dice ahora en su oficina.

—Pero Carlos, no sos inmortal ni indestructible. Un día te va a sorprender la muerte.

—La verdad es que no está en mis planes morirme. De hecho voy a intentar desafiarla. He investigado y sé que hay rejuvenecimientos, hay avances, hay teorías de que se podrían trasladar las conciencias. Voy a tratar de vivir todo lo posible, de 150 años para arriba. 300 sería un buen número. Tengo mucha curiosidad por ver lo que le pasa a la humanidad, sobre todo a Argentina. Es un país muy divertido.

El liberal volvió a la facultad convertido casi en una estrella de rock. Pero no era la única figura en ascenso en aquellos pasillos.

Para el presidente de la Nación, Maslatón no es ese tuitero que le dirige mensajes envenenados casi a diario —que arrastran a miles de insultos de muchos de sus 280 mil seguidores—, ni tampoco es el visionario de las Bitcoin: es, a secas, Carlos. O a lo sumo es "Masleishon", apodo que le inventaron con Eduardo Valdés y Jorge Argüello cuando los cuatro tenían poco más de 20 años.

Con Alberto Fernández se conocieron como rivales en la UBA: Maslatón era el líder de UPAU, mientras que los otros crearon el FENP (Frente Estudiantil Nacional y Popular), el primer paso de Alberto en la política. Durante varios años, en el cuarto oscuro, los estudiantes de Derecho tuvieron que elegir entre uno de los dos.

Eduardo Valdés tiene un bar mítico, Café Las Palabras, en el barrio de Villa Crespo. Ahí festejó sus cumpleaños Cristina Kirchner, cantó el ecuatoriano Rafael Correa, y era, hasta que llegó a la presidencia, el punto de encuentro de Alberto con su grupo de amigos. El diputado está sentado detrás de una larga mesa en el medio de ese mausoleo peronista, adornada por decenas de individuales hechos con tapas de diarios de los setenta. Después de terminar un cortado entona el himno que compusieron —a modo de burla— junto a Alberto y Argüello, uno hoy en la Rosada y el otro en la embajada de Washington.

Aunque pasaron cuarenta años, y Valdés titubea durante unos segundos, finalmente las estrofas se le aparecen en la cabeza. Al fin y al cabo, la melodía es la misma que la marcha peronista.

Con los fusiles al hombro
y UPAU en el corazón,
los soldados liberales
van detrás de Maslatón
Y Maslatón, y Maslatón
y Maslatón, y Maslatón.

* * *

Aunque tiene más repercusión por sus estallidos mediáticos que por su carrera como analista financiero, son pocos los miembros del poder que no saben quién es Maslatón. Luego de recibirse de abogado recibió la invitación del líder de la Ucedé, Álvaro Alsogaray, para sumarse a sus filas. En 1985 el joven de 26 años era la gran promesa del partido, como podrían dar fe las 65 mil personas que fueron el último día de aquel octubre al cierre de campaña en River Plate. Ese acto, el más numeroso de la historia local para un movimiento liberal, lo abrió Maslatón.

> —Del mundo material son dos cosas las que más me duelen haber perdido: el video de esa noche y la carta que le envíe a Margaret Thatcher cuando tenía 15 años. Ella había ganado la interna del Partido Conservador inglés y yo la felicité. Thatcher me contestó y me mandó varios de sus libros —cuenta hoy.

El salto de River a una banca en el Concejo Deliberante —antecesor de la Legislatura Porteña— fue casi natural. En 1988 Maslatón entró en la boleta de la Ucedé. Estuvo tres años sentado con Federico Pinedo a la izquierda y Facundo Suárez Lastra a la derecha. Ya en ese entonces era famoso por sus excentricidades. Para protestar contra la inflación mandó a empapelar todo su despacho con billetes de un austral. También fue noticia nacional cuando se convirtió en el único concejal en repudiar el repudio, en un aniversario, al golpe de Pinochet a Allende.

Al cumplir su mandato se empezó a desencantar de la actividad que le consumía todos los días desde la Guerra de Malvinas. Alberto Fernández fue testigo presencial del portazo de Maslatón: el liberal le recriminó en la cara a Domingo Cavallo sumar en la lista de 1997 a peronistas como Gustavo Béliz y el actual presidente. "No veo un escándalo así desde la caída del Imperio Romano", le lanzó Maslatón al exministro de Economía, según una crónica de La Nación.

Maslatón se retiró de la política para dedicarse al "análisis de mercado". Solo volvería, dice, para ser presidente.

—Ya tengo decidida mi primera medida: me pondría a mí mismo de ministro de Economía.

Su primer gran trabajo como analista fue en Patagon, la empresa pionera, a mediados de los 90, en finanzas online en toda América Latina. Cuando le preguntan a Maslatón sobre su experiencia en esta compañía la retrata casi como la lucha de David contra Goliat: luego de que el Banco Santander se hiciera con el control de la empresa, gracias a una compra de U$S760 millones, intentaron echarlo sin indemnización. El juicio, que tuvo sede en Estados Unidos y en el que Maslatón se defendió a sí mismo, duró desde principios del 2001 a mitad del 2002. La justicia norteamericana falló a su favor y recibió una exuberante paga. Ese fue el comienzo real de su vida de lujos.

* * *

A Maslatón se le asoma una sonrisa. Está en su lugar en el mundo, su "casa-oficina", el cuarto donde trabaja, desde donde hace sus zooms y donde pasa casi veinte horas al día. Detrás suyo hay un enorme escudo nacional hecho de plata que le encargó al orfebre Juan Carlos Pallarols, el mismo artista que hizo los bastones presidenciales de Alfonsín, Menem y los Kirchner. El liberal colgó la pieza en marzo del 2020, días antes de la pandemia, y para el evento hizo venir a un destacamento de Granaderos.

A pesar de que para cuando comenzó este milenio Maslatón ya había derrotado a una multinacional y era concejal con mandato cumplido, además de una referencia dentro del campo liberal, casi nadie fuera del círculo rojo lo conocía. Pero todo cambió con el Covid-19.

—Con la pandemia esto explotó. Me paran en la calle, me piden selfies, reuniones. Y yo no sé decir que no, nunca supe. Tengo la agenda colapsada.

—¿Y con esa repercusión qué te pasa? ¿Te la crees?

—No. Yo arranqué en la política. Y el político que se la cree es un bobo.

Cada cuatro o cinco palabras Maslatón desvía la mirada para revisar la gigantesca pantalla ovalada que tiene sobre el escritorio. Ahí está siempre abierta la cotización en vivo del Bitcoin, la primera moneda el mundo en no estar controlada por ninguna regulación estatal: parece hecha casi a medida para Maslatón. Él escuchó hablar por primera vez de Bitcoins en 2011, se interesó y decidió invertir. Fue amor a primera vista.

—¿Más o menos, cuántos Bitcoins tenés?

—En verdad yo no soy Carlos Maslatón. Soy Satoshi Nakamoto —dice, en referencia al seudónimo elegido por el o los creadores anónimos del Bitcoin.

Cuánto dinero tiene hoy Maslatón en criptomonedas es un misterio que él no quiere revelar. Una comparación permitiría hacer un cálculo estimado: cuando él empezó a invertir cada Bitcoin costaba cinco dólares; ahora el número que la pantalla le devuelve es de 58 mil.

Sergio Massa todavía se acordaba de los debates que tenía con su histórico amigo, el banquero Jorge Brito. El entonces presidente de la Cámara de Diputados tenía un cigarro Café Creme en los labios, esos puritos negros que fuma cuando Malena Galmarini no está ahí para evitarlo. Dos días antes, en una maratónica sesión de 20 horas se había aprobado la ley de Ganancias, pero el tigrense, que siempre guardaba en algún rincón de su cabeza el deseo de ser presidente, no descansaba. Humeando en la oficina central de la Cámara baja contó que Maslatón, al que conoce desde la militancia noventosa en la Ucedé, era el culpable de las largas discusiones que tenía con el difunto dueño del Banco Macro: en cada encuentro que mantuvieron durante la última década —reuniones que todavía siguen sucediendo— el liberal lo atosigaba con su pasión por el Bitcoin.

—Carlitos me vuelve loco con eso. Entonces yo iba y le decía a Jorge que tenía que invertir en el Bitcoin, y él, que siempre fue un banquero de la vieja escuela, me sacaba cagando. Pero Carlos sabe, es muy inteligente, tanto que hace competir a su inteligencia de hoy con la de ayer, y así todos los días. Por eso a veces se termina equivocando.

* * *

En 1922 Fernando Pessoa publicó "El banquero anarquista", un cuento donde el protagonista, un adinerado banquero, se jacta de que él, a diferencia de los que intentan derribar al sistema con bombas, logró llegar al verdadero nirvana revolucionario: gracias a su riqueza quedó liberado de la opresión del capitalismo. "¿Cómo subyugar al dinero y a su tiranía? Adquirirlo bastante como para no sentir su influencia", dice el empresario.

Si el escritor pudiera ver a Maslatón probablemente se asustaría, de la misma manera en que Víctor Frankenstein tembló al ver caminar a su obra. El líder del movimiento barrani no es banquero pero acumula criptomonedas, y no es anarquista pero pertenece a esa gran tribu del liberalismo que suele rayar lo antisistema. Su fortuna no solo le permite, igual que al protagonista del cuento, pasarse por los sobacos las convenciones sociales sino que le da a Maslatón aquello que más ama en el mundo, mucho más que a su billetera virtual, sus seguidores e incluso que a Mariquita Delvecchio, su esposa desde 1993. Es su amor más antiguo, que nació cuando un libro de Adam Smith llegó a sus manos a los 13 años. Una pasión por la que él, como dejó claro desde que estalló la pandemia, jura estar dispuesto a morir: la libertad.

—No hay nada más sagrado. Por eso a mí me enerva que alguien, un político al que conozco muy bien, me diga si puedo o no salir de mi casa, me revienta tener que pedir permiso. Yo no soy como ese 30 por ciento de la población que es débil y que siempre necesita que le digan qué hacer, yo me gobierno a mí mismo.

Esta última frase es uno de sus latiguillos más famosos, con el que explica varios aspectos de su vida atípica. No permite que nadie limite su capacidad de circular por la Ciudad, no deja que su esposa le cocine, no usa cinturón de seguridad, no va al médico ni tiene obra social, no trabaja en relación de dependencia, no acepta un rabino de referencia a pesar de ser profundamente judío, no quiere recibir ninguna vacuna contra el Covid, dice no dormir jamás más de dos horas de corrido, no respeta días y horarios de trabajo como el resto de los mortales, no se toma vacaciones, no toma alcohol, no fuma, no toma mate, no anda en bicicleta, no usa GPS, no leyó jamás a Borges, Cortázar o Bioy Casares, defiende abiertamente la prostitución, a los coimeros como condición indispensable de la vida política y a un indulto generalizado para todos los corruptos de las últimas décadas, al contrabando, a los cohetes para las fiestas, a la tenencia de armas, a Carlos Menem y a Ofelia Fernández, a la clase política, a los sueldos que cobran, y a la guerra: se gobierna a sí mismo.

Maslatón, en el clímax de su autoproclamada independencia, impulsa su propio lenguaje, una especie de lunfardo en versión liberaloide y tuitera. Es un mantra en el que se reconocen sus fanáticos, y que utilizan para intercambiar mensajes por Whatsapp o cuando se envían entre ellos los mensajes de su líder: además del 100% barrani están "pistola" (no hay chances), "masacre" (gran cena), "jerarcas" (popes de alguna institución), "galeritas" (caretas), "téngase presente" (cuando quiere enfatizar una posición), "foro" y "foristas" (redes y usuarios), "valija" (soborno), "papel falsificado" (pesos argentinos) y "reunión puramente criptográfica" (encuentro casual), entre otras.

> —Es que a mí nadie me va a decir qué hacer. Todo lo que sea como yo es liberal, todo lo que no sea como yo es antiliberal. Soy el liberal por excelencia de Argentina: soy el capitalismo.

* * *

La bomba explotó ocho metros atrás de Maslatón. Si no hubiese estado sentado dentro de un Jeep Sufá del ejército de Israel este perfil jamás hubiera sido escrito. El coche blindado aguantó la mayoría de las esquirlas que lanzó la detonación, pero no todas.

Dieciocho años después, en su oficina, el liberal se arremanga el pantalón y presume uno de sus grandes trofeos: tres pequeñas pelotas que se le asoman en la tibia derecha, la pierna que en aquel noviembre del 2003, en las afueras de la Franja de Gaza, se salvó de milagro.

Dos décadas antes la historia casi se repite, y en forma de tragedia. En 1984, año en que, según los números oficiales de Perú, morían asesinadas 5,62 personas por día, Maslatón estuvo a punto de sumarse a la estadística. El ejército del país vecino lo secuestró en las afueras de Ayacucho, una ciudad al sur de Lima, y lo tuvo una semana detenido: sospechaban que era miembro de Sendero Luminoso, la organización armada que buscaba derribar al gobierno. Si los soldados llegaban a convencerse de eso, el liberal era hombre muerto.

—Pero me salvé porque sé hablar políticamente. Los convencí de que estaba en las antípodas ideológicas de Sendero Luminoso y que solo había viajado hasta ahí para analizar la situación.

La sorpresa de los peruanos se debe haber asemejado a la del falso agente de la Aduana. Cuando Maslatón viaja al exterior no lo hace pensando en la comodidad de una playa o en una aventura hacia una montaña: las vacaciones perfectas, para él, son en un país en guerra.

—Es la misma lógica por la que de niño vivía escuchando radio. Cuando estoy en condiciones de viajar voy a algún lugar interesante donde pasen cosas, cosas interesantes. Podría ser corresponsal de guerra, creo que podría hacer una descripción bastante mejor que la que se hace en los grandes medios.

Además de Perú e Israel —a este país hizo por lo menos 50 viajes—, Maslatón también cubrió, en su condición de corresponsal amateur, la guerra de Beirut en 1986 ("la mejor guerra civil de todos los tiempos, el día que llegué explotó un coche bomba a 200 metros"), la de El Salvador en 1981 ("en diez días no se dejaron de escuchar tiros en ningún momento"), y la revolución sandinista en Nicaragua en 1980. La lógica siempre es la misma: ve algún conflicto internacional "interesante", compra el pasaje —prefiere viajar solo y en la clase más barata posible— e intenta acercarse a la primera línea de batalla todo lo que puede.

La táctica tampoco cambia.

—Me hago pasar por un boludo. Soy un tarado que no entiende nada, que va solo, sin seguridad ni nadie. Así no te identifican, no sospechan de vos, y lográs una comprensión más real de lo que está pasando.

—¿No te da miedo?

—Así como están los que tienen miedo, los que se sienten débiles, los que se tienen baja estima, están los que no tienen miedo, los que se sienten fuertes, los que se sienten bien. Yo estoy en este grupo.

Todos estos periplos por el mundo —tiene pendiente uno a la Franja de Gaza con el legislador trotskista Gabriel Solano— tienen que ver con lo que define como su "máxima frustración en la vida": no haber sido soldado, un deseo que le nació en 1982, cuando se anotó, sin éxito, como voluntario para Malvinas. Es algo que le pesa incluso más que no haber sido padre, idea que empezó a replantearse hace poco.

—No hay modo en que lo pueda superar, todo otro penar pasa pero este no. Para mí es lo más importante a lo que se puede apuntar en la vida, ser soldado de infantería en tiempos de guerra. Quisiera al menos haber participado en la lucha contra el ERP en Tucumán. Morir como soldado es la única muerte que tiene sentido para mí, la única que puedo justificar.

* * *

Maslatón está molesto. "Esto es una ridiculez, una pavada". Mira al mozo, que se acercó para acompañarlo hasta la mesa, y aprovecha la excusa para seguir destilando veneno. "Miren a este pobre pibe, que para trabajar le hacen poner esta boludez". Al joven apenas se le ven los ojos pero se le nota que está incómodo, sobre todo porque el liberal es uno de los clientes más fieles del exclusivo restaurante Ozaka, en Puerto Madero, donde las facturas no bajan de los diez mil pesos por persona. No quiere meter la pata y soporta la larga perorata de Maslatón contra el barbijo y el Covid. Para entrar lo obligaron a cumplir el protocolo y lo siente como una derrota personal. "Qué bien que la hicieron los comunistas, inventaron este virus y nos tienen a todos como pelotudos", dice antes de pedir de memoria 10 platos distintos.

—En la vida hay cuatro grandes vicios. El alcohol, las drogas, el tabaco y la comida. Yo pude zafar de todos menos de uno.

Las bandejas de sushi llegan en cantidades. A Maslatón se le ilumina la cara ante cada plato: es el flash de su celular, con el que hace fotos para mandarle a su nutricionista. Hace dos semanas empezó un nuevo tratamiento y le tiene que notificar a la especialista sobre todo lo que come.

Cuando llegan las bebidas Maslatón comete una imprudencia. Ocurre en el momento exacto en que se lleva el vaso de agua a su boca: una de sus banderas históricas, de esas que ostenta desde hace años, es la de tomar las bebidas exclusivamente desde la botella. Hay hilos de Twitter y largos videos suyos donde desarrolla su teoría sobre la falta de higiene de bares y restaurantes, motivo por el cual adoptó religiosamente esta práctica. Según cuenta en sus redes, la última vez que tomó de un vaso que no le pertenecía tenía 12 años. Es, de hecho, una costumbre que sus fans copian cuando salen a comer afuera, desde donde suelen subir fotos con botellas en los labios.

El vaso en Osaka es la primera vez, en esta quinta entrevista y después de más de catorce horas de charla, que el Maslatón persona le gana al Maslatón personaje. Es, en verdad, la primera vez que se puede sospechar que son dos entes distintos, que hay uno que se presenta ante el mundo como la persona más transgresora del país y otro que, cuando el Twitter se calla, tiene la misma distancia entre lo que dice y lo que hace que cualquier hijo de vecino. Hasta entonces la duda aparecía con fuerza luego de cada encuentro: ¿este tipo es o se hace?

Maslatón cuenta uno por uno los billetes. La factura supera los 30 mil pesos y él agrega cinco mil más de propina. Ante la pregunta dice que él no se hace, que simplemente a veces exagera. "Para romper las pelotas", lo que más contento lo pone en el mundo.

—Y así me siento absolutamente feliz. Diría que soy un 95% feliz.
—¿Y el otro 5?
—Me quedé con ganas de ser soldado de infantería en alguna guerra.

* * *

Pasaron casi dos años desde la cena en Osaka, pero algo no cambió: Maslatón, otra vez, está molesto. Ahora, en el arranque de 2023, además se lo nota cansado.

Está despatarrado en un sillón del bar del Palacio Duhau, un hotel de lujo en el corazón de Recoleta por el que se pasean turistas extranjeros e integrantes del círculo rojo local. A él el coqueto entorno no podría importarle menos. Con una soda vacía en la mesa, no saca la vista de su celular.

La absorción total en la pantalla no es por la pronunciada caída del precio del Bitcoin de los últimos meses, ni por el hecho de que los seguidores de Milei no dejan pasar un día sin insultarlo en las redes. Su fastidio es, igual que él, mucho más particular.

—800 páginas tengo que llenar, González, ¿a vos te parece? Se volvieron locos estos tipos.

El abogado da vuelta su teléfono, y muestra el problema. En el celular se ve un PDF larguísimo, en el que le piden nombres, testigos, fotos, videos y cualquier tipo de documentación para probar su tesis. Maslatón dice ser la persona que más partidos presenció en toda la historia de los Mundiales de fútbol, y está haciendo todo el tramiterío para que el Guinness convierta su certeza en récord histórico.

Estuvo en 42 de los 64 encuentros en Qatar, llegando al límite de lo humanamente posible. De octavos en adelante fue absolutamente a todos, y en la fase de grupo solo faltó a los que se superponían o a los que estaban a algunas horas de viaje entre sí. Maslatón armó un cronograma imposible para el que contrató a un chofer que lo siguió durante un mes y que lo esperaba con el auto encendido afuera de los estadios, para llevarlo de uno a otro a toda velocidad. Tenía los tiempos cronometrados hasta el detalle, que incluía literalmente salir corriendo apenas el árbitro pitara el final. Para llegar a tantas asistencias tuvo que dormir solo dos horas por día durante las primeras dos semanas de la competencia. Eran jornadas que incluían cuatro partidos cada una.

Si la cuarentena y la resistencia barrani pusieron a Maslatón a jugar dentro de la órbita mediática, su paso por Qatar hizo crecer su figura a otro nivel. Durante el Mundial era difícil encontrar una reunión de amigas y amigos donde no se hablara de alguna de las locuras maslatoneanas en el suelo qatarí, que él iba mostrando en sus redes. Allá se reunió con Macri, cantó con un grupo de palestinos, habló con hinchas de todo el mundo, contó detalles de la organización, de los estadios, de las distancias, de cómo era esa sociedad y ese país. Todo eso lo hizo mientras en su cuenta de Twitter narraba detalles y excentricidades de los partidos, trabajo que le llamó la atención hasta a la propia FIFA. La organización internacional de fútbol terminó entrevistándolo para su página y redes oficiales, y hasta lo invitó a conducir un programa de análisis deportivo.

"La cobertura del Mundial de Maslatón es excelente. Tiene la sensibilidad popular para no perder el foco del tema central, pero al mismo tiempo el ojo, la curiosidad y la cintura para mostrar otras cosas y vincularse con otra gente. La cobertura mundialística de Maslatón es excelente por las mismas razones por las que es excelente su presencia en las redes sociales en general", decía la escritora Tamara Tenembaum en una columna que le dedicó en el *DiarioAr* ("Carlos Maslatón, ese tono").

Ella puso en palabras un fenómeno que en aquel momento atrapó a muchos argentinos, que siguieron al Mundial —on todo lo que ese torneo significa en esta tierra— más desde la óptica de Maslatón que de los tradicionales canales deportivos. La foto que le hizo un hincha anónimo, sentado en el estadio Lusail el día de la final —aparece solo entre todas las gradas, ya que según él fue el primero en entrar— llegó a los 61 mil likes en Twitter. La que subió Maslatón después de ganar el partido contra Francia tuvo 59 mil. Por solo nombrar algunas.

Su auge mundialista supuso un cruce generacional. Maslatón pasó de ser reconocido solo por jóvenes a estar en boca de los padres y madres de estos. Su imagen tuvo un crecimiento fenomenal que terminó, de hecho, con el abogado sentado de panelista en un programa de C5N. Y el abogado, meses después, todavía no podía olvidar el Mundial.

> —Tengo la mente en Qatar, no lo puedo superar, cada paso, cada entrada, cada gol. Ayer soñé que no llegaba a un partido. Fue la mayor felicidad de toda mi vida. Ahora no me importa más nada.[1]

---

1. Parte de este capítulo fue publicado en la revista *Anfibia*, el 23/08/2021. "Carlos Maslatón, 100% barrani", con fotos de Mario de Fina.

Agradecimientos

A todos los que hablaron y colaboraron con este libro. En especial a aquellos que tenían motivos para no hacerlo.

A Editorial Planeta, por la confianza. En especial a Adriana Fernández y a la infinita paciencia de Paula Pérez Alonso.

A mis compañeros de ruta de la revista *Noticias*. Entre ellos, Alejandra Daiha, Fernanda Villosio, Franco Lindner, Carlos Cláa, Adriana Lorusso y Rodis Recalt. A mis amigos y también colegas, Mario de Fina, Luciano Bugner y Mariano Boettner. A los que me ayudaron y fueron una inspiración en este camino: Edi Zunino, Cristian Alarcón, Jorge Fontevecchia, Sebastián Ortega, Maximiliano Vernazza, Jorge Fernández Díaz.

A la memoria del Flaco Lerke, que andará colgado de algún árbol con su chaleco verde militar.

A Tomás Rodríguez, por la excelente investigación que hizo para este libro y por la compañía a lo largo de él. A Julia González por las horas que me soportó mientras desgrababa entrevistas.

A mi familia y a mi viejo, Gustavo González, el primer lector de este libro. A Florencia. A mis amigos. A todos los que hacen que valga la pena estar vivo. Ellos y ellas saben quienes son.